IL

# DIRITTO ROMANO

NELLE

## LEGGI NORMANNE E SVEVE

### DEL REGNO DI SICILIA

STUDIO

del Dott. **FRANCESCO BRANDILEONE**

con introduzione

DI

**BARTOLOMMEO CAPASSO**

E COL TESTO DELLE ASSISE NORMANNE
NUOVAMENTE RISCONTRATO SUI MANOSCRITTI VATICANO E CASSINESE.

ROMA TORINO FIRENZE

FRATELLI BOCCA

Librai di S. M. il Re d'Italia.

1884

# IL DIRITTO ROMANO

NELLE

## LEGGI NORMANNE E SVEVE

### DEL REGNO DI SICILIA.

A MIA MADRE

# PREFAZIONE

Per quanto siasi scritto sulle nostre antiche leggi normanne e sveve, dai glossatori più antichi sino agli storici
più recenti, pure uno studio, il quale determini spassionata-
mente e senza pregiudizii di sorte alcuna la parte, che dav-
vero ebbe nella loro compilazione il diritto romano-giustinianeo,
parmi che manchi tuttavia. Nel più degli scrittori, che di
proposito o di passaggio hanno toccato tale questione, regna
una grande incertezza e confusione di criterii e di giudizii.
Qualcheduno anzi, dando chiara prova di non aver niente
affatto un concetto preciso e ben determinato di quanto asse-
riva, ha detto e si è disdetto ad un tempo. « Noi non conve-
niamo (dice in una noticina il Del Vecchio, a pag. 83 della
sua Legislaz. di Federico II) certamente con quegli scrittori,
che ad ogni ordinamento dello Svevo vollero rintracciarne uno
corrispondente nelle leggi giustinianee, ma tuttavia è certo
che nelle principali disposizioni legislative di diritto civile
spira l'aura romana ». Oh di grazia, e perchè ricordare le
sole disposizioni legislative di diritto civile del codice svevo, se

*le medesime in esso si riducono ad una cosa ben meschina?
Che se poi in quelle stesse, così pochine come sono, non v'è
altro di romano che un'aura, o allora perchè non dar ragione
addirittura al D'Andrea ed al Pecchia, che, come appresso
diremo, videro da per tutto diritto longobardo?*

*Essendo a tale la questione, uno studio inteso a deter-
minare* sine ira et studio *la parte vera fatta al diritto romano
nella composizione delle leggi dei nostri re normanni e di
Federico II imperatore, non mi è parso superfluo, specialmente
per due ragioni. La prima, perchè con esso potremo farci
un'idea netta della posizione reale, che il diritto romano as-
sumeva di fronte al diritto longobardo, che fin'allora aveva
quasi da solo preponderato; e in secondo luogo, perchè quella
forte unità di regno, che Ruggiero II ed il suo grande nipote
seppero costituire, va precisamente in molta parte dovuta al-
l'aver essi richiamato opportunamente in vita i principii romani
relativi alla costituzione dello Stato, al diritto penale ed al
procedimento nei giudizii. — Tutto ciò si vedrà più particolarmente nel seguito di questo studio. Qui voglio soltanto ricordare come quella unità e vigoria di regime, aiutate dagli
spiriti da vero superiori dei loro creatori, avessero prodotto la
floridezza, lo splendore e la coltura rigogliosa del regno, che
ci fa tanto piacere veder ricordate negli scritti contemporanei e perfino in quelli degli avversarii* [1]*, e che, se bene a
tanta distanza di tempo, c'inspirano per Ruggiero e Federico
una viva simpatia, nè ci fanno ricordare della loro origine
straniera.*

---

[1] Si legga il bellissimo elogio che di Ruggiero tesse il Falcando in
principio della sua Storia; presso DEL RE, *Cron. e Scritt. sincr.*, I, 288.
Per Federico vedi il Jamsilla, *ivi*, II, 106. — In quanto alle condizioni
economiche del regno, è decisiva la testimonianza di Papa Clemente IV,
in una lettera a Carlo d'Angiò, il 1267. V. il BRÉHOLLES, *Préf. et Introd.*, p. 406 e segg.

*Il soggetto principale del mio studio m'ha per sè stesso condotto a discorrere brevemente le condizioni giuridiche delle nostre contrade, avanti la pubblicazione delle prime leggi normanne, e le cagioni, che vi produssero il risveglio del diritto romano; le quali, ch'io sappia, se per l'Italia settentrionale e media si sono a bastanza studiate, per noi fino al presente non sono state oggetto di speciali ricerche.*

*Sullo stato giuridico dell'Italia meridionale, prima della monarchia normanna e durante la medesima, mi son dovuto per ora tenere ad affermazioni generali, corredandole di prove d'indole anche generica. In quanto poi alle cagioni, che produssero fra noi il risorgimento del diritto romano sotto il regno di Ruggiero II, ho tentato di mettere avanti un'ipotesi, che parmi, nello stato presente degli studii intorno alla nostra storia giuridica, l'unica adatta a spiegare quella subitanea fioritura della sapienza romana.*

*Non posso in fine licenziare questo primo scritto, senza esprimere qui tutta la gratitudine e la riconoscenza mia al Comm. B. Capasso ed al Prof. G. De Blasiis, che mi furono sempre larghi d'indirizzo e di aiuti negli studii.*

Napoli, dicembre 1883.

Dott. FRANCESCO BRANDILEONE.

# Sull'uso del Diritto Romano e Longobardo
## nelle Provincie Napolitane
### sotto l'impero delle leggi di Federico II

Lettera all'Avv. Sig. Francesco Brandileone.

*Egregio Sig. Brandileone,*

Voi desiderate conoscere la mia opinione intorno all'intelligenza della cost. *Puritatem,* che si legge nelle *Constitutiones Regni Siciliae,* e propriamente, quale valore ivi abbia il vocabolo *comune,* adoperato ed applicato sì al diritto romano che al longobardo, e, per conseguenza, quale di questi due diritti, in quel tempo, nella concorrenza, avesse dovuto tra noi preferirsi.

Volentieri io soddisfo al vostro desiderio. — L'argomento, importante per la storia giuridica delle provincie napoletane, non pare che abbia avuto una piena e soddisfacente soluzione, anche dopo le dotte lucubrazioni del Savigny e degli altri, che dietro a lui espressamente o incidentemente ne favellarono.

Io dirò dunque brevemente quel che penso sul proposito, lieto di ritornare sopra un argomento, che già fu oggetto di molti e lunghi miei studii, lieto pure di far cosa grata a voi, che cominciate ora a coltivarlo con sì felici auspicii; lietissimo poi, se vorrete continuare in questa via e proseguire quei lavori sulla storia giuridica delle provincie napolitane, che io, ormai vecchio e rivolto ad altre cure e ad altre materie, ho dovuto per necessità abbandonare.

Ora, per rispondere adeguatamente al quesito, bisogna innanzi tutto ricordare, che nell'antico reame di Puglia, o di Napoli, prima della fondazione della Monarchia, imperarono, come ognun sa, principalmente il diritto longobardo ed il diritto romano, o romano-bizantino; il primo in quelle regioni, che formarono già il ducato beneventano, allora diviso nei principati di Benevento, Salerno e Capua, l'altro in quelle regioni soggette direttamente, o indirettamente, all'impero greco, cioè parte delle Puglie, le Calabrie, ed i ducati di Napoli, Sorrento ed Amalfi. E poichè le regioni occupate dai Longobardi formavano la maggior parte dell'antico reame, il diritto di quella nazione prevalse per estensione e diffusione al romano, ristretto a minor territorio. Ambidue questi diritti nelle prescrizioni d'interesse pubblico erano naturalmente territoriali ed obbligavano tutti i sudditi viventi in quel dato territorio; nelle prescrizioni d'interesse privato, dopo la conquista di Carlo Magno, erano anche personali; in guisa che ciascuno era giudicato o contraeva secondo le leggi della Nazione, onde avea origine, e nella quale dichiarava di vivere. Epperò in quei tempi, ed anche dopo, nelle regioni longobarde noi troviamo persone viventi a legge romana, come viceversa, nelle provincie soggette all'impero greco, persone che vivevano a legge longobarda. Così, volendo tra i moltissimi apportarne qualche esempio, in Salerno nel 1074 e nel 1077 Mansone Atrianese e sua moglie Antonia, nonchè Sergio e Gemma Atrianese e Tanda, vedova di Mauro, pure Atrianesi, vendono *secundum legem et Romanorum eorum consuetudinem*. Così pure nel 1070 Stefano e Domnanda coniugi vendono beni *secundum legem et consuetudinem illorum Romanorum* [1]. Erano tutti costoro, come lo manifesta il cognome, provenienti da Atrani, nel

---

[1] BLASI, *Series princ. qui long. aetate Salerni imperarunt*, Doc. 17, 20 e 4.

ducato di Amalfi. Ed è osservabile che questa varietà e miscela di diritti faceva confonderli talvolta tra loro in guisa che nel cit. documento del 1070 Stefano e Domnanda danno la guadia, parola e formola di indole indubbiamente longobarda, *secundum legem et consuetudinem Romanorum* (1). Per l'opposto, in Suessula, antica città appartenente al ducato napoletano, nel 1028 una donna vende col suo mundualdo e col permesso del conte, secondo le prescrizioni della legge longobarda (2), ed in Taranto nel 1004 un tal Giovanni assegna a sua moglie Argenzia il *morgincap* nel dimane delle nozze *secundum ritus gentis longobardorum*, ed innanzi ai parenti ed agli amici (3). Così pure nel 1098 una donna normanna, figlia di Drogone conte e signore di Ullano in Calabria, stipula donazione coll'intervento dei suoi figli e mundualdi, affinchè

---

(1) BLASI, Doc. 4, p. XV.

(2) *Regii Neapolitani Archivi Monumenta*, t. IV, p. 204.

(3) Il documento inedito dell'anno 45 di Basilio e Constantino imperatori, II. ind., di cui ebbi già copia dal ch. fu mio amico P. D. Sebastiano Kalefati, conservasi nell'Archivio di Montecassino (caps. 98, fasc. 1, n. 23) e dice così: « Ideoque ego Johannes filio fusce-mari qui sum modo abi-« tator intus in cibitate tarento..... teque domna argentia filia bone me-« morie petro de supradicta civitate in meo te quodque sociabi coniugio « tunc alia die botorum post nubtias ante amicos et parentes nostros se-« cundum ritus gentis nostre langobardorum ostendo tivi unc libellum « scriptum a publico notario ac testibus roboratum per eodem retrado « tibi prefate uxori mee morgincaput quod est quarta pars ex omnibus « rebus facultatibus meis stabile et mobile, etc. ».

*licentiam tribuerent hoc opus facientem.* Vice-versa, nel ducato di Gaeta si trovano in vigore ugualmente le leggi romane e le leggi longobarde, e quindi da una parte vediamo le donne vendere i loro beni senza l'intervento di alcun mundualdo e senza le formalità prescritte dalla legge longobarda; mentre dall'altra parte vediamo ricorrersi alla pruova del combattimento, per dimostrare lo stato servile o libero di alcuni gaetani, secondo che era prescritto nella leg. 9 di Otone II [1].

Eccezionalmente in alcuni paesi dipendenti dal principato di Capua ed in tutti quelli soggetti al ducato di Spoleto, noi troviamo persone viventi a legge Salica o Franca, ed altri viventi a legge Bavara o Borgognona [2].

Un'altra varietà debbo pure notare nei paesi longobardi dell'antico reame. Generalmente è stato creduto che i Capitolari dei re d'Italia avessero incominciato ad aver forza di legge nel reame, dopo che i nostri dinasti riconobbero effettivamente la supremazia di quei sovrani. Ma, comunque l'antica glossa delle costituzioni del regno asserisca, che, essendosi da Federico II colla const.

---

(1) Gattola, *Access.*, p. 114, e Federic., p. 264.
(2) Gattola, *Hist.*, p. 327; *Access.* p. 107; *Chron. Vulturn.* ap. Muratori, R. I. S., t. I, 2, p. 444 e 443.

*In causa depositi*, corretta la legge della Lombarda *Si quis per se*, tit. *qualiter quis se defendere debet*, debba inferirsene, che le leggi imperiali nei tempi, di cui discorriamo, avessero avuto vigore, altrimenti la correzione di Federico sarebbe stata affatto inutile e superflua; pure è d'avvertirsi che, per la testimonianza di Carlo di Tocco, eranvi alcune regioni del reame, le quali non osservavano le leggi degli imperatori, quando erano contrarie a quelle dei re longobardi, cioè agli Editti, ed altre regioni, nelle quali quelle non avevano vigore alcuno (1). Al che non fa ostacolo l'allegata osservazione del glossatore, essendo le costituzioni fridericiane comuni a tutto il regno. Ed infatti noi veggiamo dai documenti nelle regioni abruzzesi citarsi ordinariamente insieme l'Editto ed il Capitolare. In Penne, per darne alcun esempio, nel 1021 allegasi *Edictum Langobardorum et Capitulum Caroli* (GATTOLA, *Hist.*, p.325), nel 1049 similmente (*Chron. Casaur.*, col. 999), nel 1056 (GATTOLA, *Accessiones*, p. 156), nel 1058 (GATTOLA, *Hist.*, p. 314). Così pure in Sangro, in Chieti, ecc. (GATTOLA, *Hist.* 239, 240, UGHELLI,

---

(1) CARLO DI TOCCO, gl. *quicumque*, L. 23, *Lomb.*, II, 35: « Sunt « quaedam regiones quae non sequntur leges Imperatorum ubi sunt con- « trariae legibus Regum, sunt et aliae regiones quae non sequntur leges « Imperatorum ».

*It. Sacra*, VI, 378) ; mentre nelle provincie bene-
ventane, e specialmente nel principato di Salerno,
vien citato solamente il primo, cioè l'Editto. —
(V. Blasi, *O. c.*, p. 17, 32, 40, 56, 116, ecc.) —
Che anzi noi abbiamo pure una pruova più forte di
quanto qui asseriamo. In un documento riportato dal
Blasi (*O.c.*, p. 73), rilevasi che in Salerno, nel 1054,
essendo stati alcuni istrumenti attaccati di falso, fu
giudicato che le parti giurassero sulla veracità dei
medesimi, senza tener conto delle recenti leggi di Gui-
done e di Errico imperatori, che in tal caso pre-
scrivevano la pruova del combattimento, e contro
la leg. 39 di Carlo M. (*Lombarda*, II, 56, 23),
poichè, essendo una delle parti *infans*, ciò non
ostante è ammessa a giurare.

Quest'ordine di cose non mutò sostanzialmente
dopo la fondazione della monarchia siciliana. Il diritto longobardo, entrato pel decorrimento di sei
secoli nella vita e nei costumi del popolo, anche
dopo la promulgazione delle *Assise* dei re Normanni
e dopo la codificazione delle *Constitutiones Regni
Siciliae* di Federico II, restò pur sempre in osservanza e vigore. I paesi, in cui quel diritto era stato
fino a quel punto dominante, vi restarono tenace-
mente attaccati, e tuttochè il diritto romano risorto
anche tra noi a novella vita, come più ampio e più
civile lo sopravvanzasse in efficacia, e, colla sua in-

fluenza, in parte anche lo modificasse, pure quelli
seguitarono a preferirlo nei giudizii e nei contratti
e lo trasfusero nelle loro consuetudini, riguardanti
le doti e le successioni. Quindi nelle carte di comu-
nità, che nel sec. XII alcuni paesi del reame otten-
nero dai loro feudatarii ecclesiastici, fu richiesto
espressamente, come uno dei principali privilegi,
di seguitare ad essere giudicati dalle leggi longobarde [1]. Ed è singolare la pretensione dell'abate di
Monte Cassino, che, nella seconda metà del sec. XIII,
pretendeva che nel suo feudo *deberent puniri cri-
minalia secundum ius Longobardorum et non secundum leges et usus regni et constitutiones* [2].
Tanto era radicata negli animi del popolo di queste
nostre regioni la reverenza verso quelle leggi, che
un ecclesiastico, il quale per antico costume doveva
vivere secondo il Diritto romano, preferiva quelle

---

(1) Singolare è il privilegio che Giordano II, principe di Capua, nel
1117, concede al Preposito di S. Angelo *in formis*. Tra l'altro egli vuole
che gli uomini abitanti *in villa S. Petri ubi alli Scafati dicitur*, e quelli
che vi venivano ad abitare *in terra de ecclesia* fossero liberi e quieti
della detta chiesa di S. Angelo, ed avessero *medietatem romane legis in
iudicio* (GATTOLA, *Accessiones, etc.*, p. 234). Ora che cosa importasse l'uso
di questa *metà* del diritto romano, conceduto ai vassalli di S. Angelo *in
formis* in S. Pietro di Scafati, io non so spiegare con qualche precisione.
Forse costoro avevano il privilegio di esser giudicati secondo il diritto
romano non dai *iudices publici*, ma da quei giudici speciali privati, che
nei ducati di Napoli e di Amalfi si dicevano anche a quei tempi *me-
diatores*.

(2) GATTOLA, *Accessiones*, p. 353.

a questo, senza tener conto delle costituzioni del regno, che non le ritenevano in quanto erano ad esse contrarie.

Anche eccezionalmente per questi tempi vigeva nel nostro regno il diritto franco, riconosciuto dalle *Constitutiones* di Federico II in un dato ordine di persone e specialmente nelle successioni feudali.

Ciò posto vengo ora alla dichiarazione del vostro quesito.

La const. *Puritatem*, che in alcune edizioni delle *Constitutiones regni Siciliae* fu attribuita a Guglielmo, appartiene, come altrove ho detto, all'imperatore Federico II, il quale adottò un *mandatum* di Guglielmo sullo stesso oggetto, ampliandolo ed interpolandolo. Essa, come altrove pure congetturai, forse fu una delle 20 *Assise* promulgate nel 1220 in Capua, certamente appartenne al *Liber Augustalis* del 1231, perchè trovasi nei frammenti Cassinesi di questo codice. Poscia nella *repetita prelectio* del *Liber Augustalis* ebbe anche talune nuove aggiunzioni verso la fine [1]. Con questa legge, imponendosi il giuramento da prestarsi dai Camerarii e dai Baiuli, nell'assumere il loro ufficio, si prescrivono anche le norme e l'ordine, con cui le leggi allora vi-

---

[1] Veggasi la mia memoria *Sulla storia esterna delle Costituzioni del Regno di Sicilia promulgate da Federico II*, pag. 11.

genti dovevano nei giudizii applicarsi. Costoro, dice la legge, *secundum constitutiones nostras, et, in defectum earum, secundum consuetudines approbatas ac demum secundum iura communia, Longobarda videlicet et Romana*, *prout qualitas litigantium exegerit, judicabunt* [1]. Il Savigny ed il Merkel [2], seguiti dal Lamantia [3], credono che le sopra allegate parole fossero una interpolazione privata di epoca posteriore, perchè mancano nel testo greco, che, secondo essi, costituirebbe il testo primitivo del codice Svevo, e perchè, secondo le leggi proprie di Federico II, sotto il nome di comun diritto non s'intendono giammai i diritti personali diversi, ma sempre un diritto solo, il romano.

Ora, riserbandomi a trattare più innanzi dell'accezione che la parola *comune* ha nelle costituzioni fridericiane, noto innanzi tratto che il testo greco non rappresenta, come già dissi altrove, il testo primitivo e genuino del *Liber Augustalis*, essendo piuttosto una traduzione arbitraria, che in molti punti omette parole e brevi periodi, che il traduttore credette inutili o superflui alla intelligenza di quelle

---

(1) *Const. r. Sic.*, I, 62.
(2) SAVIGNY, *Storia del diritto romano nel medio evo.* — Torino, 1863, vol. I, p. 407 e seg.
(3) LAMANTIA, *Storia della legislaz. di Sicilia.*

leggi(1). Se questa costituzione non fosse sventuratamente monca nei frammenti Cassinesi, cominciando la pagina della pergamena dalle parole sussecutive a quelle in quistione(2), noi potremmo conoscere con certezza se esse si ritrovavano nella prima edizione del codice. Ma, quand'anche in quella non fossero esistite, certo non debbono considerarsi come interpolazioni private del secolo XIV. Altrove io ho fatto notare le ragioni, che debbono fare ammettere una *repetita prelectio* del codice svevo, e allora potette avvenire l'aggiunzione delle indicate parole, le quali, salvo l'appellativo *communia*, trovano esatto riscontro in altre costituzioni di Federico II, pure appartenenti al 1231. L'interpolazione, del resto, quando anche voglia, a privato studio attribuirsi, è, secondo ben dice il Pertile, pienamente conforme a ciò che esisteva in fatto e serve egualmente di prova.

Ma qual'era il vero significato, quale il valore giuridico di queste parole controverse? Molte e varie furono le opinioni su tal proposito, ed io, a definire

---

(1) *Storia esterna*, ecc., p. 22 e segg.

(2) La pergamena (p. 4, col. a.) comincia dalle parole: « Et gratie de« ferentes et sine diminutione requirant et recipiant requisitas ». — Tutto il resto sino alla fine che si legge nella edizione del Carcani, v. 22-30, manca nei Frammenti Cassinesi come nella traduzione greca e nel Cod. Par. 4628.

con tutta chiarezza la mia proposizione, fa d'uopo che brevemente le enumeri e le accenni.

Gli antichi nostri chiosatori, incerti tra le vecchie pratiche del Foro, in cui predominavano le leggi longobarde, ed i nuovi principii delle scuole, ove principalmente influiva il diritto romano, furono poco espliciti ed abbastanza dubbii nelle loro interpretazioni. — Marino di Caramanico, senza spiegarsi chiaramente, disse che gli abitanti del nostro regno vivevano a legge romana, ma che vi avevano egualmente vigore le longobarde: *Longobardae leges in regno similiter* (in rapporto al diritto romano) *obtinent* (1).

Per l'opposto, Andrea de Barulo, nel suo proemio alle *Contrarietates iuris civilis Romani et Longobardi*, asserì che le leggi longobarde derogavano nel regno allo stesso dritto romano *per quamdam inveteratam consuetudinem*.

L'Isernia distingue nella questione il diritto penale dal civile, ed, in quanto riguarda il primo, nega che le leggi longobarde avessero ai suoi tempi alcuna autorità nel regno. Per quello poi che riguarda il secondo, in un luogo, parlando del rito dei giudicii nobili e dell'ordine delle successioni, afferma che il diritto longobardo si preferiva al romano nelle nostre

--------

(1) *Glossa, Proem. ad Const.* ed in c. *Ut universis*, l, 47, p. 102.

provincie; e fonda principalmente questa sua opinione sull'ordine, con cui le parole *iura longobarda videlicet et romana* erano collocate nella costituzione di cui parliamo e poichè il diritto longobardo precedeva al romano, tiene che dovesse in concorrenza quello preferirsi a questo [1]. Altrove però restringe questa sua proposizione alle persone ed ai luoghi, che vivevano con quella legge, ritenendo che nel dubbio si dovesse un tal fatto provare [2]. D'altra parte, Luca di Penna, dopo aver riferita la opinione dei giureperiti del regno, i quali per la detta const. *puritatem* e per la medesima ragione allegata dall'Isernia, sostenevano doversi il diritto longobardo preferire al gius romano, conchiude per un sentimento contrario, ritenendo che quello dovesse reputarsi diritto speciale e non comune. Un tale aggettivo adoperato nel contesto della detta costituzione procedette, secondo lui, dalla rettorica dello scrittore o compilatore di essa, che per formare un periodo più armonioso volle dare alle indicate parole il collocamento che nella legge hanno [3]. Il diritto longo-

---

(1) *Lectura super const. r. Sic.* in c. *Ut universis*, L. I, n. 7, p. 103, col. b, ediz. del Cervone, 1772; in c. *Speciale quoddam*, II, 77, p. 225, col. a., ed in c. *Si quando contingerit*, III, 10, p. 315. *Comment. in usus feudorum*, in cap. 1, *De feudi cognitione*, ecc.

(2) *Comment. in usus feudorum*, cap. 5, etenim.

(3) *Comm. in tres. libr. Cod.* in lib. I, Cod. *De conduct.*

bardo però, egli soggiunge, non doveva propriamente preferirsi al romano, se non fino per un
certo punto, cioè quando e dove con quello si vivesse, secondo la giurisprudenza osservata in quei
tempi dalla Gran Corte della Vicaria.

Nè altrimenti sulla questione opinò l'Afflitto. Egli
ricorda quanto sul proposito avevano affermato l'I-
sernia e Luca di Penna. Ribadisce il sentimento di
costui, che il diritto romano non il longobardo potea
dirsi comune, essendo questa l'approvata opinione
di molti giureconsulti di grande sapienza e dottrina,
ma confessa che il sentimento contrario, che dava
la prevalenza al diritto longobardo, era stato sempre osservato nel nostro foro, come avea inteso dai
vecchi avvocati (1).

Secondo alcuni dunque nel dubbio tra noi si pre-
sumea che si vivesse a legge longobarda e così
afferma pure il Troise (2). Secondo altri invece,
nel regno, fino a pruova in contrario, sempre si
riguardava come diritto comune il romano, e così
opinarono anche il Caravita (3) ed il Maranta (4).

Ed il Massilla aggiungeva che, essendo state le
leggi longobarde per antica consuetudine abrogate,

_____

(1) *In const. r. Sic.*, *praelectio*, L. 1, rub. 60, f. 215.
(2) Troise, *Comm. super ritibus* M. C. Vicariae, rit. 291.
(3) Caravita, *Comm. super ritibus* M. C. Vicariae, rit. 292.
(4) Maranta, *Praxis*, n. 106.

non ostante la c. *Puritatem*, si dovesse sempre in preferenza ricorrere al diritto romano, eccettochè nel montualdo, o tutore da darsi alle donne, nel che le dette leggi continuavano ad aver vigore in alcune parti del regno [1].

Senonchè questi trattatisti del sec. XVI interpretavano la detta costituzione con le idee del tempo, in cui scrivevano, nè si riferivano alle condizioni giuridiche in cui era il regno sotto Federico II.

Gli scrittori posteriori, comunque guardassero la quistione più dal lato storico, pure in generale si lasciano influire da sistemi preconcetti. Di fatti, tralasciando il D'Andrea, che dava assolutamente e senza alcuna riserva la prevalenza al diritto longobardo, perchè favoriva la causa da lui difesa, secondo Donato Antonio d'Asti questo diritto nella c. *Puritatem* impropriamente fu detto comune e ciò soltanto per differenziarlo dalle leggi speciali dei Franchi, Turingi e Sassoni; che pure avevano allora vigore nel regno. La ragione comune non era altra, se non il solo gius romano, al quale bisognava ricorrere quando mancavano le leggi longobarde, o altre venute nelle province napoletane coi barbari [2].

---

(1) MASSILLA, *Comm. ad Consuet. Bar.*, f. 28.
(2) D'ASTI, *Dell'uso ed autorità della ragion civile*, I, 6.

Secondo il Giannone per lo più le leggi longobarde avevano vigore in preferenza nel nostro regno, ma la c. *Puritatem* intendeva per leggi comuni il diritto romano che, prima del ritrovamento delle Pandette in Amalfi, era rimasto come per tradizione presso i nostri provinciali [1].

Secondo il Pecchia finalmente, il diritto romano non potea già dirsi comune in senso lato, perchè vigente appena in poche parti di Europa. Egli sostenne che le parole *iura communia* fossero ivi usate nel senso ristretto di diritto comune a tutti coloro che vivevano colle romane leggi nel regno, nel qual significato il legislatore chiamò anche comuni le leggi longobarde. Ove poi si fosse voluto considerare il valore comparativo del vocabolo *comune* e rilevare qual fosse osservato dal maggior numero d'individui relativamente al minore, allora si sarebbe dovuto conchiudere che in Sicilia prevaleva il diritto romano, nelle province napolitane la maggior parte seguiva il diritto longobardo [2]. Così il dotto e diligente scrittore si accostava, secondo che a me pare, al vero e l'intravedeva.

Tralascio la rassegna di altre opinioni, che più o meno dalle antecedenti poco differiscono, per no-

---

(1) GIANNONE, *Stor. civ.*, L. XII, c. 5.
(2) PECCHIA, *Stor.*, lib. II, cap. 27 e 33.

tare quello che ai tempi nostri hanno sulla quistione affermato il Savigny ed il Capone. Il primo asserisce che entrambi questi diritti siansi chiamati comuni, non nel senso che fossero applicabili a tutti gli abitanti, poichè la clausola *pro ut*..... *exegerit* dimostra che avevano qualità personali. Nè parimenti si dicono tali per contrapposto agli statuti locali o consuetudini, poichè in questo senso bensì avrebbero potuto contrapporsi come *iura communia* alle consuetudini ma non alle *constitutiones*. — Il vero, secondo lui, è che si dicono *iura communia*, perchè entrambi avevan forza in tutta Italia, anzi anche in Francia, dove potevano sempre trovarsi longobardi e romani per contrapposto a quei diritti (*constitutiones* e *consuetudines*), il cui imperio era ristretto al reame di Napoli, ed a talune contrade del medesimo. La quale opinione fu in seguito corretta e modificata nella ultima edizione della *Storia del diritto romano*, aggiungendosi che sotto il nome di comun diritto non s'intendevano i diritti personali diversi, ma sempre un diritto solo, il romano [1].

Il Capone si spiega più esplicitamente sul proposito. Si è molto disputato, egli dice, fra i nostri

---

[1] Savigny, *l. c.*

che importasse il *communia* ed a quali leggi si
avesse a riferire, non essendo mancato chi l'inten-
desse delle sole longobardiche e chi, facendo maggior forza al testo, delle sole romane. A noi sembra
evidente che vada inteso delle une e delle altre e,
se l'ordine delle parole vale qualche cosa, principalmente delle longobardiche. Ma come potevano essere
i due diritti comuni? Certamente, non per rispetto
alle stesse persone, ma colla distinzione della costituzione che è chiara, *pro ut qualitas personarum
exegerit.* Per le persone di origine longobarda e
per quelle, che si eran volute accostare alla nazione
già dominante, il longobardo era diritto comune, per
coloro, che eran rimasti tenaci degli usi antichissimi
precedenti alla venuta di quel popolo, era il romano (1).

Un'ultima opinione è quella dell'egregio giovane
De Gasparis. Secondo lui « è il diritto feudale quello
che è riguardato come *ius longobardorum*, ed è
quindi dal legislatore normanno ragionevolmente
detto diritto comune, in quanto le consuetudini longobarde feudali, contenute nel libro dei feudi erano
in tutta Europa e nell'Italia Meridionale, legge comune dei rapporti feudali ».

----

(1) CAPONE, *Discorso sopra la storia delle leggi patrie;* Napoli, 1854,
vol. I, p. 222 e seg.

Ora, in questa incertezza e discrepanza di opinioni, per rispondere al vostro quesito bisogna, a mio credere, prima sciogliere i seguenti dubbii. Qual'era nell'idea del legislatore e del tempo, in cui si promulgarono le *Constitutiones regni Siciliae*, il vero significato della parola *comune*, applicato al diritto? poteva dirsi tale il diritto longobardo? quale diritto, il longobardo o il romano, nella concorrenza, dovea essere in preferenza applicato?

Ed in prima bisogna notare che nelle costituzioni del regno il vocabolo *comune* ordinariamente e principalmente è adoperato ad indicare il diritto romano. Così nelle cc. I, 25, p. 59; I, 29 (30), p. 80; I, 53 (56), p. 117; I, 103, p. 178; II, 10, p. 214; II, 19, p. 230; II, 21, p. 236; II, 24, p. 241; III, 11, p. 316; III, 37, p. 394; III, 42, p. 401. Talvolta il *ius commune* o il romano, si mette in espressa opposizione al longobardo, come nel lib. I, 24, p. 58; III, 37, p. 394. Pietro della Vigna, o chiunque altro si fosse il compilatore del *Liber Augustalis* e delle *Constitutiones Novellae*, certamente veniva dalla scuola di Bologna, o ne risentiva l'influsso. Quindi per lui il diritto romano era la ragion comune. Così anche per Carlo di Tocco, che poco prima aveva commentato la Lombarda, come già osservò il D'Asti, e così per la stessa Glossa delle Costituzioni, ove, per tacere di altri esempii, a

p. 367 in v. *specialiter*, il diritto romano dicesi comune ed in opposizione al longobardo.

Ma a questa influenza della scuola si opponevano le abitudini del popolo della maggior parte delle provincie napoletane, ove il diritto longobardo era stato il dominante, come in Benevento, o dove esso, col dominio dei Longobardi, si era intromesso, come nel Barese. In queste regioni la Lombarda era certamente preferita alle Pandette e al Codice, ed un tal fatto non poteva dal legislatore Svevo non aversi in considerazione. E però anche il longobardo nelle *Constitutiones* fu detto indubitatamente diritto comune, come è chiaro dal passaggio del L. II, c. 32. Ivi, parlandosi del duello come pruova giudiziaria, si dice: *consuetudinem autem, quae in quibusdam regni partibus obtinebat, per quam hi, qui Franci non sunt, sed* IURE COMMUNI *censentur testibus contra se productis in quocumque iudicio possint pugnam offerre, funditus extirpamus.* Ove, come ha pure osservato il Pertile (II, 603), non vi può esser dubbio, che per diritto comune si debba tassativamente intendere il longobardo. Ora, come ben dice il Pecchia, « *uno dei grandi errori nell'interpetramento dei libri, massime se siano antichi, è il non badare ai varii rapporti che aver possono alcune parole, le quali per lo più sono segni d'idee relative e si prendono per segni di asso-*

*lute per difetto di quell'arte che dai greci fu
chiamata Ermeneutica* ». Di fatti le parole *iura
communia*, a mio credere, possono prendersi in
un doppio significato, largo l'uno, ristretto l'altro.
Nel significato largamente preso, così addimandavasi
allora il diritto romano, che anche nei paesi e per
coloro che vivevano con le leggi longobarde, o per
le persone che seguivano il diritto franco, veniva
universalmente tenuto come tale e adoperato come
diritto sussidiario. Ed in questo senso il diritto longobardo si mette in opposizione al comune.

Nel significato più ristretto poi, e preso compara-
tivamente, il diritto romano è comune nei paesi viventi generalmente con quelle leggi, il longobardo
nei paesi che a questo erano generalmente soggetti.
Imperciocchè, Federico II nelle sue costituzioni non
riconobbe altro diritto speciale nel regno, se non il
franco, come è chiaro dalla c. *Speciale quoddam*.
Il vocabolo *comune* dunque principalmente ed ordinariamente nelle leggi di Federico II ed anche nelle
esegesi di esse era applicato al diritto in riguardo al
territorio, non rispetto alle persone, e l'inciso *pro
ut qualitas litigantium exegerit* non deve, secondo che il Savigny ed il Capone pensarono, far
riguardare come affatto personale in quel tempo il
diritto longobardo ed il romano. Non era certo
questa l'intenzione del legislatore, che col suo codice

tendeva a far sparire la personalità dei diritti, intenzione che si manifesta anche nello spirito della stessa c. *Puritatem*.

Ciò posto, io distinguerò la proposizione e credo che la parola *iura communia* debba mettersi in relazione al territorio, non alle persone. E però il diritto longobardo era certamente considerato per comune in quelle regioni, in cui, prima della monarchia e della promulgazione del codice svevo, era diritto territoriale. Ivi avveniva ciò che afferma Andrea da Barletta, che le leggi longobarde derogavano allo stesso diritto romano. Ivi poteva pure accadere ciò che racconta il Ferretti. L'avvocato cacciando il codice longobardo e dicendo: *Domine, secundum ius longobardum hic vivimus et secundum id iudicatur iuxta consuetudinem huius regni*, escludeva il diritto romano e vinceva la lite. Egli non affermava già che il suo cliente era di origine longobarda, o *professus erat natione sua vivere lege langobardorum*. Diceva invece: *hic vivimus iure langobardo*, e quindi prendeva propriamente ragione dalla competenza del diritto dal territorio, non dalla persona.

Questa mia spiegazione, intravveduta generalmente dai più antichi espositori, ritrova un esplicito ed autorevole appoggio nelle parole di Biagio da Morcone, che nell'opera tuttora ms., che conservasi nella Bi-

blioteca dei Girolamini di questa città (1), così, meglio
e più chiaramente degli altri, discorre sul proposito:
*Et ita,* egli dice, *regnum Sicilie in diversis suis
partibus, diversis suis iuribus vivere iudicatur,
plerumque iure romano, plerumque iure longobardo, que iura in pluribus causis et casibus
discordare noscuntur, ut aperte sequentia decla-
rabunt. Advocatis difficultas' ingeritur in advo-
cando, dum discordias ipsorum iurium per li-
brorum volumina invenire desiderant, et plerumque ipsas invenire nequeunt, eo quod ius
long., sicut romanum, prae manibus suis non
habent, et ipsius iuris longobardi ignorantia
interdum confusi postulando succumbunt; iudicibus etiam in iudicando ipsum ius long. parat
insidias* (2).

Altrove aggiunge, spiegandosi più chiaramente :
*Quod antea dictum est, iudicem debere iudi-
care secundum leges, intellige romanas, seu ci-
viles, quia in dubio omnis populus praesumitur
vivere secundum romanas leges... Et ubi constet
iudici* PROVINCIAM ILLAM, UBI IUDICAT, VIVERE IURE

---

(1) Manoscritto cartaceo del sec. XIV, segnato: XVII. XII., che fu già
indicato da Hänel e dal Merkel, *Appunti per la storia del dir. longob.*,
p. 47, ap. SAVIGNY, *O. c.*, t. III. Biagio da Morcone fioriva nella metà del
sec. XIV. V. GIUSTINIANI, *Mem. degli scritt. leg.*, t. II, 278.

(2) In *prooem.*

LONGOBARDO, *tunc secundum ius long. causas finire debet et sic iudicare; nam et secundum ius long. iudicando, dicitur iudex iudicare* SECUNDUM IUS COMMUNE, *quia* COMMUNIA IURA SUNT IUS LONG. ET ROM. , *ut regn. const. puritatem..... Dicit littera dicte const., quod secundum constitutiones nostras, et, in defectu earum, secundum consuetudines approbatas, ac demum secundum iura communia, long. vid. et rom., prout qualitas litigantium exigit, iudicabunt. Attenditur ergo ius, quo vivunt et utuntur litigantes, ut ibi* (1).

Insomma, secondochè io mi penso, la c. *Puritatem* prescriveva che, quando mancassero le *constitutiones* e le *consuetudines*, dovesse ricorrersi al diritto, che era comune nel territorio, in cui il giudizio facevasi, il longobardo cioè o il romano, secondo la qualità dei litiganti. Quindi nel territorio, in cui quello era il diritto dominante, esso derogava a questo e così viceversa.

Una sola difficoltà potrebbe farsi a questa spiegazione. Per la testimonianza di Andrea d'Isernia erano nel regno alcuni paesi, come Salerno, ove promiscuamente imperavano ambedue i diritti (2). In tal caso a quale di essi doveva darsi la preferenza?

---

(1) Fol. 243 b.
(2) ISERNIA, *Super const. regni*, p. 123.

Per me, io credo che una tale varietà di diritti in uno stesso paese, in quel tempo riguardasse soltanto, o almeno nella massima parte, la materia contrattuale, o gli atti di volontaria giurisdizione. Altrimenti come si sarebbe regolato il giudizio, quando uno dei due contendenti seguiva un diritto diverso? Per verità, so che prima di questa epoca erasi stabilita una speciale giurisprudenza in simili casi, come rilevasi da taluni documenti e principalmente dalla poco esplorata Glossa di Carlo di Tocco, giurisprudenza che solo in parte è stata accennata dal Savigny e dal Pertile. Ma essa non contemplava soltanto la *qualitas litigantium*, sibbene e principalmente la natura dell'azione o della eccezione e della difesa, secondo i diversi casi. Anzi vi erano giudizii, nei quali o si applicavano ambi i diritti, o i contendenti di diversa legge avevano la scelta di quella, con cui intendevano di essere giudicati. Ora se è così, qual norma in simili casi avrebbe avuto il giudice? poteva considerare soltanto la qualità della persona? Del resto, quando anche ciò voglia ammettersi, bisogna convenire, che questa era un'eccezione alla regola. I casi di tal natura, dopo il codice svevo, non dovevano essere frequenti, e, dopo il sec. XIII, essi dovevano, pare, a poco a poco e sensibilmente diminuire, sia per la progredita civiltà, che faceva prevalere il diritto romano, come più sapiente e più ampio, sia per le consuetudini locali, che assorbivano quanto era ancora di vivo nel diritto longobardo. Così nel sec. XVI non restò propriamente che la dichiarazione delle donne nei contratti, le quali, e talvolta anche senza comprendersene interamente la portata, nel principio degli istrumenti, per bocca del notaio manifestavano vivere *iure romano*, o contrarre col consenso del loro mundualdo. Nè certamente il *Tractatus discordantium iuris civilis romani et iuris longobardi* del Ferretti, composto ai tempi di Carlo V, può provare una più larga osservanza del diritto longobardo nelle nostre regioni in quell'epoca. Esso è piuttosto uno studio retrospettivo di giurisperito, che un libro necessario alla pratica, poichè versa quasi assolutamente sopra materie penali, e nessuno vorrà certamente credere che in quel tempo l'omicidio, o altro reato di tal genere, venisse punito tra noi colle leggi longobarde.

Quest'è, caro Brandileone, l'interpretazione che io do alle controverse parole della c. *Puritatem*. Qualunque sia, essa servirà sempre a testimoniarvi la stima del vostro

*Affezionatissimo*

B. CAPASSO.

# I. — Introduzione storica.

Di leggi normanne, anteriori allo stabilimento della Monarchia Siciliana, non si ha memoria alcuna. Per circa un secolo (1043-1140), i discendenti di Tancredi di Hauteville, intesi a scacciar Greci e Musulmani dalle nostre ·contrade, a tener fronte alle pretese pontificie ed imperiali e a raffrenare i moti delle città e la reluttanza dei vassalli, non ebbero agio di darsi alle pacifiche opere della legislazione, e lasciarono libero il campo ai diritti preesistiti. Ruggiero II, che unì al valore di guerriero il senno di legislatore, fu quegli che, messasi arditamente sul capo la corona di re, non ostante le minacce e le congiure di Papi e Imperatori, rivolse le sue cure a fissare stabilmente l'ordinata amministrazione del suo nuovo stato, e nel 1140, in un general parlamento tenuto ad Ariano, pubblicò le prime leggi, che noi conosciamo; quasi a significare che da quel punto, cessati gli arbitrii al costituirsi del potere monarchico, tutti dovessero entrare nella

regolar vita giuridica [1]. « Rex Rogerius, dice Ro-
« moaldo Salernitano, perfectae pacis tranquillitate
« potitus, pro conservanda pace, Camerarios et Justi-
« tiarios per totam terram instituit, leges a se noviter
« conditas promulgavit, malas consuetudines de medio
« abstulit [2] ». Noi possediamo nel loro aspetto ori-
ginario, se non tutte, certo buona parte delle leggi
in quella occasione pubblicate [3], ed anche qualche-
duna delle altre date fuori dallo stesso re, negli anni
successivi del suo regno [4]. Si studiarono di imitare
il padre e l'avo i due Guglielmi, delle cui leggi nessuna è a noi pervenuta nel suo aspetto primitivo,

---

(1) Ecco come Ruggiero si esprime nel prologo delle sue leggi: « Si
« ergo sua misericordia nobis Deus pius, prostratis hostibus, pacem red-
« didit, integritatem regni tranquillitate gratissima tam in carnalibus
« quam in spiritualibus reformavit, reformare cogimur iustitie simul et
« pietatis itinera, ubi videmus eam mirabiliter ( miserabiliter?) esse dis-
« tortam ». I. MERKELII *Commentatio, qua iuris siculi, sive Assisarum
Regum Regni Siciliae fragmenta ex cod. ms. proponuntur*. Halis, formis
Hendelinis, MDCCCLVI.

(2) Le parole di Romoaldo Guarna: « Leges a se noviter conditas promulgavit », che non si trovano nella ediz. del Muratori (R. I. S. VII,
191), furono supplite dal Del Re da un cod. della Metropolitana di Salerno. Cf. *Cronisti e scrittori sincroni*, I, 72. Esse corrispondono alle
prime parole del 1° capo delle Assise. Vedi CAPASSO, *Novella di Ruggiero*, ecc., p. 11, n. 2. — Per altre relazioni fra il luogo di Romoaldo e il
passo delle Assise, riferito nella nota precedente, e fra questo e lo stru-
mento di pace, stipulato fra il Papa ed il Re nel 1139, cf. lo HARTWIG,
nella *Historische Zeitschrift* di SYBEL, vol. XX (1868). — Il parlamento
di Ariano è detto da Falcone Beneventano *Curia procerum et episcoporum*. V. HARTWIG, l. c.

(3) Il primo a trovarle nel Codice Vaticano e a darle alla luce fu il
MERKEL, nell'opuscolo innanzi citato; il LA LUMIA le riprodusse in appendice alla sua *Storia della Sicilia sotto Guglielmo il buono*, al quale
si sforzò di attribuirle. Noi le diamo in appendice al presente lavoro,
dopo aver confrontato il ms.

(4) Tale stima il Capasso la cost. *Pervenit* (Constit. Siciliae, III, 31),
e la Novella greca da lui per il primo pubblicata. CAPASSO, l. c., p. 11, n. 4.

per quanto oggi se ne conosce (1). Interrotta l'opera legislativa dai torbidi seguìti alla morte del secondo Guglielmo, fu indi ripresa nel 1220 da Federico di Svevia, che, accoppiando alla gran mente dell'avo materno una perfetta conoscenza del suo tempo, tesoreggiò in massima parte l'opera normanna, e, dopo date fuori, sull'esempio normanno, alcune assise, nel 1231 pubblicò in Melfi il suo *Liber Augustalis* (Βασιλικὸς νόμος), senza cessar poscia dal correggerlo ed accrescerlo alla maniera di Giustiniano, con le *Novellae* o *Novae Constitutiones*, ch'ebbe il destro di pubblicare sino al tempo della sua morte (2).

Di tutt'i diritti vissuti o vigenti in queste contrade, romano-giustinianeo, romano-bizantino, longobardo e franco, sebbene non per tutti in egual misura, è dato di scorgere l'influenza in queste leggi (3). Ma che il diritto romano-giustinianeo avesse,

_____

(1) Oltre il vaticano, abbiamo anche un altro ms. delle Assise, che trovasi in Monte Cassino e non già alla Cava, come disse per isbaglio il Carcani, e come ripeterono il La Lumia (*op. cit.*, p. 358) e lo *Hartwig* (*l. c.*). In questo cod., oltre le assise del primo, ve ne sono altre, parte dello stesso Ruggiero e parte dei due Guglielmi. Le leggi però in esso comprese non sono che estratti fatti per uso privato. Cf. Hartwig, l. c. — Per le quistioni, a cui hanno dato luogo le leggi di questi due manoscritti, cf. R. PERLA, *Le Assise dei Re di Sicilia*, Caserta, 1882, e la mia rassegna nell'*Archivio storico per le Provincie Napoletane*, An. VII, p. 178 e seg.

(2) Per tutto ciò che riguarda la storia esterna della legislazione fridericiana, vedi CAPASSO, *Sulla storia esterna delle Costituzioni del Regno di Sicilia promulgate da Federico II*. Napoli, 1869.

(3) Quantunque Federico avesse, com'è noto, abolito interamente le costumanze franche introdotte nel Regno, pure di esse rimase traccia nelle norme regolanti l'ordine delle successioni feudali, ed è notissima la distinzione di feudi, a cui succedevasi *iure Francorum*, e di quelli, a cui si succedeva *iure Longobardorum*. In quanto al diritto longobardo ed al romano-bizantino, avremo occasione di farne qualche cenno nel seguito di questo scritto.

sin dal principio, preso ai legislatori la mano sugli
altri diritti, cercarono di provarlo fino all'esagera-
zione alcuni scrittori, mentre altri lo negarono con
poco fondamento.

I primi commentatori, o glossatori che si voglian
dire, delle Costituzioni sicule, dei quali ora avremo
a parlare, tutti, su per giù, contemporanei di Federico, o a lui non molto posteriori, ad ogni disposizione del codice svevo subito richiamano tutte le
corrispondenze possibili ed impossibili, che la medesima può avere nel Corpo del Diritto; e pare come
se ad essi, imbevuti di diritto romano nella scuola
bolognese, una legge, che non avesse potuto trovare il suo fondamento nella ragion civile, fosse
dovuta apparire meno che legge, mancante di tutta
quella autorità, che dall'uniformarsi agli antichi
testi sarebbele potuto derivare. E là, dove il diritto
romano non entra, perchè vi si parla di istituti interamente estranei a quel mondo, essi si trovano a
disagio e non sono contenti finchè non ve l'abbiano
a forza adattato. Solo quando non possono per alcun
verso tirarlo in mezzo, o perchè la legge nuova non
ha alcuna specie di riscontro nell'antica, o perchè è
in perfetta opposizione con la medesima, allora, pur
confessando che l'imperatore ha il diritto di far
nuove leggi, tra scontenti e rassegnati se la cavano
col dire: « Et certe dici potest, quod haec consti-
tutio contineat ius novum (1) ». Nè i primi soltanto,

(1) Vedi la glossa alle seguenti costituzioni: I, 16, *cum tribus sequen-
tibus*, 23, 27, 30, 104; II, 3, 4, ecc.

ma anche i successivi commentatori, fino al Grimaldi (1), sono d'accordo nel segnalare la grande preponderanza accordata al diritto romano.

Prese a negarla Francesco D'Andrea (2), che sostenne la prevalenza del diritto longobardo, e, sebbene combattuto dal D'Asti (3), pure trovò seguaci, fra i quali il più importante a me pare sia stato il Pecchia nella sua Storia civile, in cui censura aspramente la maniera dei commentatori e del Grimaldi(4), i quali voleano ad ogni costo trovar diritto romano là dove non era nè poteva essere. Uno dei primi a considerare le nostre leggi da un punto di vista storico, ei pare che in massima abbia ragione, sebbene io credo che esprima il suo biasimo in maniera troppo generale, dovendosi fare una necessaria distinzione fra gl'istituti nuovi e medievali, che non hanno nulla di comune con i romani, coi quali si sono cercati di spiegare, per mancanza di cognizioni storiche, e le disposizioni o tolte di peso dalle leggi romane, o modificate solo in parte, per adattarle ai bisogni dei tempi nuovi.

I moderni, messi in grado di considerare quelle leggi da un punto di vista obbiettivo, hanno in generale, come ho innanzi avvertito, riconosciuto la preeminenza da esse assicurata al diritto romano sugli altri diritti esistenti in queste regioni; sebbene

---

(1) *Istoria delle leggi e magistrati del Regno di Napoli*, Lib. VIII.
(2) FRANCISCI DE ANDREYS *Regii Consiliarii Disputatio, An Fratres*, ecc. Vedine specialmente il cap. II, §§ IV e V.
(3) D. A. D'ASTI, *Dell'uso e autorità della Ragion civile*, ecc., I, 6.
(4) *Storia civile e politica*, lib. II, cap. 27, e cap. 33 e segg.

nessuno di essi sia disceso ad un esame qualsiasi della quistione (1).

Sicchè oggi parmi possa tuttavia aver qualche importanza per la storia del diritto il precisare un tal fatto, che fu tra noi un'eco della nuova vita, a cui veniva testè richiamato il vecchio diritto romano nell'Italia settentrionale e media, e per la quale si dovea, nel corso del secolo XII, mutare l'aspetto giuridico della penisola, e dovea cadere l'influenza, che fino allora vi avea esercitato il diritto franco-longobardo.

Il quale, elaborato già scientificamente sin dai primordii del secolo XI dai giuristi della scuola di Pavia (2), nella frequenza dei commerci e delle comunicazioni fra le diverse contrade d'Italia, s'era considerevolmente infiltrato nella monca e scarsa conoscenza tradizionale, che del diritto romano serbavasi nel territorio di Roma e nelle Romagne (l'antico Esarcato) (3), ed avea consolidato l'osservanza degli Editti regii e dei Capitolari ducali nell'antico e vasto ducato beneventano (4), donde poi avea esteso

---

(1) F. v. RAUMER, *Geschichte der Hohenstaufen und ihrer Zeit.* Leipzig, 1857, vol. III, c. 7; SAVIGNY, *Storia del diritto romano nel medio-evo*, traduz. Bollati, cap. XL, III; BETHMANN-HOLLWEG, *Der Civilprozess des gemeinen Rechts in geschichtlicher Entwicklung*, vol. VI, p. 5 e seg.; E. WINKELMANN, *Geschichte Kaiser Friedrichs d. Zweiten und seiner Reiche.* Berlin, 1863. Parte VI, § 2; H.-BRÉHOLLES, *Hist. Dipl.*, *Préface et Introduction*, pag. 406 e 556. Cf. lo stesso, *Hist. Dipl.*, I, 852, IV, 250 e seg.

(2) BETHMANN-HOLLWEG, *Civilprozess*, V, p. 280 e seg., e 290 e seg., e gli scrittori da lui citati.

(3) Vedi lo stesso, l. c., p. 393 e seg.

(4) Che gli Editti longobardi fossero qui già in osservanza, lo dimostrano e la compilazione fattane, probabilmente da un Capuano, come

il suo dominio persino in talune delle poche città tuttora possedute dai Greci, lottando in esse contro gl'istituti del diritto bizantino e trasformandoli (1). Talchè, in sullo scorcio del secolo XI, si potea ben dire che, sulla varietà grande dei diritti personali, quello, che esercitava in tutta Italia la preponderanza, era il diritto franco-longobardo, quale era stato messo insieme prima nel *Liber Papiensis* dai giuristi della scuola pavese e poscia nella Lombarda da giuristi a noi sconosciuti, essendo passata presso che inosservata la compilazione fattane in queste provincie.

Or non è questo il luogo per discorrere le ragioni che, in sullo scorcio dell'undecimo e in sul cominciare del duodecimo secolo, promossero nell'Italia centrale il risorgimento del diritto romano. Il certo si è che in quel torno, al primo sbocciare della vita comunale nelle città lombarde, ad un tratto si fe' riudire la voce della legislazione giustinianea (2), che oramai per lungo silenzio parea fioca, ed ai contemporanei ed ai posteri ammirati parve fatto spontaneo e solitario quello, che pure da lunga pezza erasi ve-

---

congettura Camillo Pellegrino, e che tuttavia si serba nella Trinità della Cava, e la traduzione greca dell'Editto di Rotari, che lo Zachariae crede eseguita appunto per le popolazioni greche dell'Italia meridionale. V. CA-MILLO PELLEGRINO, *Hist. Princ. Long.*, V, p. 29; *Fragmenta versionis graecae legum Rotharis Longobardorum Regis edidit* C. E. ZACHARIAE A LINGENTHAL. Heidelbergae, 1835; ripubbl. nei M. G. LL. IV, 225.

(1) Mi basta ricordare a questo proposito le *Consuetudines Barenses*, che sono le più antiche.

(2) Vedi la classica opera del SAVIGNY, *Storia del Diritto Romano nel medio-evo*, trad. Bollati, e specialmente il cap. XVIII. Confronta anche BETHMANN-HOLLWEG, *Civilprozess*, vol. VI, p. 3 e seg.

nuto maturando ; sia che col Merkel voglia scorgersi questo periodo di incubazione nei lavori della scuola di Pavia (1), sia che vogliamo ammettere col Fitting la continuata esistenza della scuola di diritto in Roma e l'importanza di quella di Ravenna (2). Sorse così la scuola dei glossatori, ch'ebbe anzitutto colà un'importanza scientifica e non incominciò ad avere influenza nella pratica, che solo verso la·fine del secolo duodecimo (3).

Intanto, mentre Irnerio insegnava a Bologna, che qui fra noi fosse continuata la preponderanza del diritto longobardo, oltre ad altre prove, ce lo attestano due fatti, che non voglio mancar di porre in vista: cioè, la parte rilevante, che quel diritto occupa nelle antiche consuetudini tuttora sopravanzateci di parecchie nostre città, e il non esserci rimasta nessuna memoria di qualsiasi attività scientifica, che si fosse palesata in queste provincie per riguardo al diritto. E sebbene la redazione di quelle consuetudini sia posteriore allo stabilimento della monarchia,

---

(1) I. MERKEL, *Die Geschichte des Langobardenrechts*. Berlin, 1850. Tradotta e pubblicata in app. alla Storia del Savigny, v. III.

(2) H. FITTING,· *Ueber di sg. Turiner Institutionenglosse und den sgn. Brachylogus.* Halle, 1870. Nell'Introduzione così si esprime al proposito : « Die Rechtsschule von Bologna bedarf nothwendig einer « Vermittelung : das von Merkel nachgewiesene Dasein einer frühern « Rechtsschule zu Pavia aber reicht nicht aus, eine solche zu bilden ». I risultati però, a cui credette di essere pervenuto, furono combattuti dal FICKER, *Ueber die Zeit und den Ort der Entstehung des Brachylogus Iuris Civilis*, Wien, 1871, e dal BETHMANN-HOLLWEG, *Civilprozess*, vol. V, p. 316 e seg.

(3) Veggasi, su di ciò, quello che dice il Ficker nelle sue *Forschungen zur Reichs- und Rechtsgeschichte Italiens*, vol. III, p. 299 e seg.

pure, considerando che allora non si fece che consacrare costumanze molto antiche, dalla parte notevole, che in esse tiene il diritto longobardo, siamo spinti a conchiudere, che il medesimo dovè già prevalere nelle usanze delle nostre città [1]. Inoltre, quantunque un lavoro di ricerca sulle carte di queste provincie, anteriori alla pubblicazione delle prime leggi normanne, non sia stato fatto, come per l'Italia settentrionale e media, nell'intento di rintracciarvi notizie sicure sullo stato giuridico delle medesime, e la più parte delle carte stesse giaccia tuttora inedita; pure il non esserci rimasta alcuna notizia di qualsiasi attività scientifica sviluppatasi o tenutasi desta fra noi, come nell'Italia centrale, intorno allo studio del diritto, ci può giustamente far ritenere, che tutto da buon pezzo si fosse ridotto ad una pratica meccanica e manuale delle leggi longobarde ed a qualche reminiscenza irriflessa della legislazione giustinianea. Se dunque qui preparazione, come nel resto d'Italia non v'era stata, e uno studio qualsiasi non erasi fatto, nè manco sul diritto longobardo (il quale pure fu quello che promosse di molto

---

(1) Quando le prime consuetudini furono redatte in iscritto, il risorgimento del diritto romano in queste contrade era già ben avviato e quindi non potè non influire sulla redazione delle medesime, le quali, così come le abbiamo, non ci presentano certo tutti gli elementi longobardi che prima dovettero contenere. Le più antiche, quali sono quelle di Bari e di Amalfi, non risalgono oltre la seconda metà del secolo XIII. Vedi G. Racioppi, nell'*Archivio Stor. per le Prov. Napol.*, an. VI, p. 360 e n. 1. — Cf. sul proposito R. Perla, *Il Diritto Longobardo negli usi e nelle consuetudini delle città del napoletano*. Caserta, 1882, e la mia rassegna nell'*Arch. Stor.* cit., an. VIII, p. 371 e seg.

il risorgimento del diritto romano nelle altre parti della penisola) (1); si può quasi con certezza affermare che il movimento di ritorno, con tanta energia iniziato colassù nelle scuole, non avrebbe avuto un'eco in queste provincie, se non vi fosse stato importato.

Tutti coloro che hanno discorso del diritto romano nel Codice Svevo, ed i pochi che di proposito hanno parlato delle leggi giustinianee copiate dei nostri Normanni, non hanno mancato di accennare, lo so, alla contemporaneità della scuola bolognese ed all'influenza che la medesima potè e dovè esercitare su quei nostri legislatori. Ma fuori di queste generalità null'altro si è detto; e s'è cercato di spiegare il primo rinascimento del diritto romano presso di noi con gli avanzi dell'antica giurisprudenza dei tempi di Giustiniano, rinnovellantisi anch'essi alla fioritura della scuola bolognese (2). Però, oltre che

---

(1) Ecco come al proposito si esprime il BETHMANN-HOLLWEG, *Civilprozess*, V, 327: « Wir fragen zum Schluss, in wiefern die beiden « Rechtsschulen des eilften Iahrhunderts, Pavia und Ravenna, die Neubil- « dung des römischen Rechts in der Schule von Bologna vorbereitet « haben? Die Schule von Pavia nur insofern, als sie an die Stelle des « erstorbenen langobardischen Volksrechts eine gelehrte Iurisprudenz « setzte, die den Vergleich mit der römischen, dem Bildungsstand und « Bedürfniss der lombardischen Bürgerschaften mehr entsprechenden, weil « rationelleren Iurisprudenz nicht aushielt. Die Schule von Ravenna, ecc. » — Più tardi vedremo il primo giurista napoletano, di cui si abbiano sicure notizie, Carlo di Tocco, incominciare con il suo celebre commento alla Lombarda.

(2) Mi limiterò a citare il Grimaldi nostro ed il Brünneck, ch'è il più recente scrittore su questo soggetto. Il Grimaldi, dopo aver detto che sotto Ruggiero queste provincie vivevano col diritto longobardo e delle leggi romane non serbavano che la tradizione, passa a spiegare le costituzioni date da Ruggiero nel 1140 con il diritto romano, senza dir nulla, sul come questo fosse, così, in un subito, riuscito a prendere il sopravvento.

potrebbe sempre dimandarsi come fosse avvenuto
questo rinnovellamento d'una pianta, che noi abbiamo visto fino a che punto fosse intristita, a me
sembra che, se non prove evidenti, pure ei ci ha
fatti tali, che ci permettono di affermare, come non
furono già i legislatori nostri quelli, che accorsero
attratti al nuovo splendore giuridico per impadro-
nirsene e farlo proprio, ma furono i Lombardi (come
si dicevano allora in generale gli abitanti dell'Italia
settentrionale), che, costretti ad emigrare dalle speciali condizioni politiche della patria loro, vennero in
Sicilia e nel Ducato di Puglia in numero considere-
vole, e vi portarono certamente notizie del recente
risveglio giuridico. In cronache ed in diplomi del
tempo abbiamo copiosi indizii di quelle emigrazioni,
e l'Amari (1), che per il primo ha di proposito studiato questo fatto, crede di poterlo circoscrivere, in
mancanza di indicazioni più precise, fra gli ultimi
venticinque anni dell'undecimo e i primi venticinque
del duodecimo secolo (2). Ed il medesimo è d'opinione

V. *Storia delle leggi*, V, 117. — Il Brünneck poi, dopo aver discorso
dell'introduzione in Sicilia della legislazione giustinianea e dello stato di
diritto personale a cui essa fu ridotta sotto il dominio arabo, le fa poscia
prendere il sopravvento, senza assegnare a ciò una ragione. V. *Siciliens
mittelalterliche Stadtrechte... herausgeg. von* W. v. Brünneck. Halle,
1881. Pag. xix e seg.

(1) Si leggano i cap. VII e VIII del terzo vol. della *Storia dei Musulmani di Sicilia*, scritta da M. Amari.

(2) I principii di queste immigrazioni si potrebbero far risalire anche
più in là dell'ultimo quarto dell'xi secolo. Ardoino difatti, che capitanava
i Normanni il 1040 nella guerra contro i Greci, era milanese; e lo storico bizantino Giorgio Cedreno ricorda espressamente come i Normanni,
per continuare la guerra nel 1041-42, prendessero al loro soldo Italiani
delle provincie fra il Po e le Alpi.

che non sieno già stati il matrimonio di Ruggiero I
con l'Adelaide e quelli dei figli con le sorelle della
medesima le cause, che produssero la venuta dei
molti Lombardi fra noi, ma che invece l'importanza
da costoro acquistata nell'esercito siciliano fosse la
cagione, che spinse il gran conte a quei matrimoni.
A proposito dei quali mi sia permesso di trattenermi
alquanto, perchè parmi di poterne trarre argomenti
in sostegno della mia ipotesi.

Il cronista cortegiano Goffredo Malaterra (1) dice
che Ruggiero *anno... 1089... duxit Adelaidam,
neptem... Bonifacii, famosissimi Italorum Marchionis, filiam videlicet fratris eius.* Intorno
a questo Bonifazio gli storici non sono d'accordo: il
Muratori ed il Pirro lo presero pel màrchese di Mon-
ferrato, l'Amari vuole sia il signore Della Marca
Aleramica, e ritiene l'Adelaide figlia di Manfredo,
fratello a Bonifazio (2). A me non pare nè l'uno nè
l'altro. Ermanno Augiense, o Contratto, chiama
Bonifazio marchese di Toscana, padre della contessa
Matilde, *ditissimus Italiae marchio;* Lamberto
Hersfeldense lo dice *Marchio Italorum Bonifacius,*
e Bernoldo *Italiae Marchio ditissimus* (3); espres-
sioni che ricordano molto da vicino il *famosissimi
Italorum marchionis* del nostro Malaterra, e che
pare accennino al titolo di marchese d'Italia, o degli

---

(1) *Rer. a Roberto Guis. gest.,* lib. IV, c. 14, pr. MURATORI *Script.,* V.

(2) MURATORI, *Annali, ad an. 1090;* PIRRO, *Chronol. reg. Sic.,* p. XII
e XIII; AMARI, *Storia dei Musul.,* III, 199.

(3) Vedi tutti e tre gli scrittori citati pr. PERTZ, M. G. SS., V, il primo
e l'ultimo all'anno 1052 e il secondo al 1053.

Italiani, preteso da Bonifacio, o a lui dato per la vastità dei suoi dominii. Sicchè la nostra Adelaide sarebbe figlia d'un fratello del famoso marchese di Toscana, e quindi cugina della contessa Matilde [1]. Le relazioni passate fra costei ed Irnerio sono notissime [2], e il favore, con cui il diritto romano venìa accolto sotto di essa nei tribunali del Marchesato, è stato messo in piena evidenza dal Ficker [3]. Ora, parmi, non v'è nulla di strano a supporre venuto fra noi (poichè molti Lombardi in generale è certo che vennero e insieme con l'Adelaide, e prima e dopo di lei), anche delle persone dotte di diritto romano *(iudices, causidici)*, le quali anche qui iniziarono e consigliarono quel ritorno all'antico diritto, che nella loro provincia era già molto avanzato.

Dippiù, come è certo che i coloni lombardi portarono in Sicilia le loro istituzioni municipali, che poi dettero molto da fare a Federico II [4], così dovettero necessariamente portarvi anche notizie del diritto, che appunto in mezzo alla nuova vita dei loro comuni nativi avea ripreso vigorìa novella. Non

---

(1) È vero che Bonifazio di Toscana era morto nel 1052, ma ciò non contraddirebbe alla notizia del Malaterra, perchè, essendo il fratello di Bonifazio poco conosciuto, lo storico ne avrebbe indicata la figlia col nome dello zio, tra perchè questi era notissimo ed anche, credo, per dar importanza al parentado stretto dal Conte.

(2) SAVIGNY, *Storia del Diritto rom. nel medio-evo*, cap. XXVII, ed i contemporanei da lui citati.

(3) *Forschungen zur Reichs- und Rechtsgeschichte Italiens*, vol. III, § 482 e seg.

(4) H.-BRÉHOLLES, *Hist. Dipl.*, *Préface et Introd.*, p. 399 e seg.

è questo il luogo per discorrere dell'importanza e dell'estensione guadagnate in quel torno dal movimento giuridico nell'Italia settentrionale e media: ma basterà solo accennare alla scuola di Pavia, a quella longobarda della Marca di Verona, alla scuola romanistica dei giuristi di Nonantola ed a quella di Ravenna, che furono tutte preparazioni alla grande scuola bolognese; e basterà por mente ai mutamenti che s'andavano verificando nei tribunali [1], per persuadersi come il movimento colà si fosse generalizzato e divenuto popolare, e per non incontrare difficoltà ad ammettere la mia ipotesi della notizia del diritto romano portata fra noi insieme con le istituzioni comunali dai coloni lombardi.

D'altronde non veggo come si possa diversamente spiegare la vasta conoscenza del diritto romano ad un tratto addimostrata dal compilatore delle prime leggi di Ruggiero II (1140), se non col supporre un continuo commercio fra il regno di Sicilia e il resto d'Italia, specie durante la reggenza dell'Adelaide. Altrimenti come sarebbesi potuto qui, nella metà del secolo XII, legiferare con tutta quella conoscenza della legislazione giustinianea, qui, dove quasi da per tutto preponderava il diritto longobardo, ad eccezione di pochi luoghi, in cui si osservavano le compilazioni bizantine, e dove delle leggi di Giustiniano non s'avea che scarsissima notizia, serbata nella tradizione, senza nessuna conoscenza delle fonti ? [2].

---

[1] FICKER, *Forschungen*, vol. III.

[2] Esamineremo appresso, parlando della procedura, parecchie carte di giudicati, dalle quali si vedrà come il procedimento nei giudizii fosse

Nè gli Hauteville dovettero indugiare a dar la preferenza al nuovo diritto, tra perchè si credettero di cattivarsi la benevolenza degli antichi abitatori col ripristinare le loro antiche leggi, e perchè dovette sembrare ad essi di leggere nelle medesime quell'ideale del governo personale ed accentratore degli antichi Cesari, di cui aveano già avuto un esempio nella patria loro, come di qui a poco vedremo.

Costituitasi frattanto la monarchia, vistesi, io mi penso, le propensioni regie per il diritto romano e sorta la necessità di apprenderlo per essere ammesso a far parte della nuova macchina di governo, i nostri non tardarono d'avvantaggio a muovere alla volta di Bologna. Il primo, di cui si abbia memoria, fu Carlo di Tocco, il celebre commentatore della Lombarda, che in Bologna fu discepolo di Piacentino, Cipriano, Giovanni Bassiano ed Ottone, e, tornato in patria, fu giudice presso il Giustiziere di Salerno e poscia anche giudice della Magna Curia[1]. Che che dicano il D'Asti ed altri sulla prevalenza del diritto romano, ch'essi affermano essere stato sempre ragion comune nel regno; certo, il fatto dell'avere Carlo commentato la Lombarda è tutt'altro che favorevole alla loro ipotesi. Se non era generalmente

---

del tutto longobardo. — Per l'osservanza del *Prochiron* e di altre compilazioni bizantine, vedi la citata memoria del Capasso sulla *Novella greca di re Ruggiero*, p. 23. — Del vigore della compilazione giustinianea, il D'Asti, che propugnollo (*Ragion Civile*, lib. I, c. VI), non seppe allegare altra prova, che un luogo di Leone d'Ostia (*Chron.*, II, 35), in cui si parla di leggi romane in maniera assai generica. Cf. Giannone, *Storia Civ.*, X, 11.

(1) Savigny, *Storia del Diritto Romano nel medio-evo*, cap. XL.

accolta nel regno, ei non vi avrebbe di sicuro speso attorno le sue fatiche; e, poiché nella spiegazione ed interpretazione delle leggi longobarde si vale d'ordinario delle romane, bisogna concludere ch'ei fece ciò per ispianare la via della pratica al diritto testé a nuova vita risorto, nell'intento di secondare gli sforzi del sovrano, che facea togliere di peso le leggi dal Corpo del Diritto e pubblicarle in suo nome.

L'esempio di Carlo dovè essere imitato da molti, come ce lo dimostra qualche documento della fine del secolo XII (1), e ci permette di arguirlo anche per questo tempo l'ordine dato ai principii del secolo seguente da Federico II, il quale comandò tutt'i regnicoli dimoranti in Bologna per cagione di studii dovessero rimpatriare, essendosi aperta l'Università napoletana (2).

Ma, fra i nostri, quegli, che diede il maggiore impulso alla pratica del diritto romano, fu Roffredo Beneventano, che studiò del pari in Bologna, ed oltre i quattro maestri, ch'ebbe comuni con Carlo di Tocco, vi udì anche lo stesso Carlo, Azone ed Ugolino. Non è questo il luogo di ricordare i fatti della sua vita, nè i servigii da lui prestati prima a Federico II e poscia al Papa (3). Dirò solo in generale come nella

---

(1) Cf. G. RACIOPPI, *L'Agiografia di S. Laverio del MCLXII*. Roma, 1881. A p. 147 è pubblicato un documento inedito, in cui si accenna alla costumanza degli abitanti della Lucania di recarsi nel sec. XII a studiare nei centri lontani, quali erano allora Salerno e Bologna.

(2) Cf. E. WINKELMANN, *Ueber die ersten Staats-Universitäten*. Heidelberg, 1880.

(3) SAVIGNY, l. c.; BETHMANN-HOLLWEG, *Civilprozess*, VI, pag. 35 e seg., e p. 200 e seg.

sua grande opera pratica (*De libellis et ordine iudiciorum*) si trovino diversi accenni alle consuetudini giuridiche dei nostri paesi contrarie alle romane e ispirate alle leggi longobarde, che non mancherò di riferire in prosieguo, e che qui ho voluto soltanto ricordare in genere, per dedurne una conferma della prevalenza pratica del diritto longobardo.

Ora a questo levavasi di contro il diritto romano e cercava di sopraffarlo con sue pretese scientifiche ed imperiali. Con tale spirito di superiorità, dal quale dovevano essere dominati i romanisti del regno reduci dalla scuola bolognese, parmi venga assai bene spiegato il fatto, che diè occasione al trattato di Andrea Bonello, sulle differenze fra il diritto romano ed il longobardo (1). La spiegazione datane dal

---

(1) Savigny, l. c., cap. XLIV, 6. — Ecco come Andrea riferisce e commenta il fatto, che diè occasione al suo opuscolo. Riporto le sue parole, perchè parmi valgano a spargere un po' di luce sulle condizioni giuridiche del tempo:

« Utilitas huius opusculi, cum per se pateat, commendatione non in« diget... Subvenitur enim et succurritur per hoc opusculum studentibus « in iure civili multis angustiis et immensis vigiliis in ipso studio fati« gatis, et post longum tempus ad ipsius iuris civilis plenam scientiam « venientes *revertuntur ad propria iam periti* (dopo di avere, cioè, stu« diato in Bologna). Et dum fructum ex labore capere cupiunt, accedunt « ad curiam eorum patrocinia petentibus praebituri; et multoties in suis « decipiuntur allegationibus et verecundiam exinde reportant, dum ius « longobardum ignorant, quod iuri romano in multis casibus contradicit... « *Et per quamdam* INVETERATAM *consuetudinem in regno isto Siciliae* « *derogat ipsi iuri romano...* Vidi enim saepe magnos advocatos in iure « romano valde expertos verecundatos a minimis advocatis ius longobar« dum scientibus (i giureconsulti reduci da Bologna ed i pratici del Regno). « Et praecipue cum nuper quadam die in foro contentioso manerem, « quidam optimus advocatus dum multa de iure romano pro suo clien« tulo allegasset, surrexit ex altera parte quidam advocatellus, et ostendit

D'Asti non mi sembra ammissibile, e il celebre avvocato perdette la causa, non perchè ignorava secondo qual legge vivesse il suo cliente, ma per aver
creduto, che gli bastasse soltanto ricordare il diritto
romano, perchè gli si fosse dovuto dar ragione. Ei
succede proprio così in tutt'i periodi di transizione :
i fautori di nuove idee si avanzano baldi a far la
propaganda, ma come urtano in faccia alla barriera
di rapporti già costituiti, sono costretti ad indietreg-
giare. E questo trattato delle differenze, rispondente

---

« ius longobardum in contrarium iudici, quod subtus capam tenebat abs-
« consum, et sic advocatellus in causa obtinuit. *Nam in casu illo ius*
« *longobardum discordat a iure romano* (Come vedesi, non ci ha nulla
« che fare la personalità dei diritti, messa innanzi dal D'Asti, *Rag. Civ.*,
« I, 6). Ille autem magnus advocatus remansit frigidus et verecundus,
« videns se ab impari et tam de facili superatum, et ius romanum sibi
« non proderat allegare, *cum esset sibi contrarium ius Longobardorum* ».
— Quello che adesso succedeva fra noi, era già succeduto negli Stati
della contessa Matilde, e più tardi successe in Germania, quando vi fu
ricevuto il diritto romano. Il FICKER (*Forschungen*, III, § 485), dopo di
aver esaminato un documento del 1098, nel quale i giudici non avean
voluto ammettere le allegazioni di una delle parti, perchè poggiate sul
diritto romano, fa la seguente osservazione : « Es macht da doch manches
« den Eindruck, als sei hier (*negli Stati di Matilde*) dem Durchdringen der
« neueren Richtung (*all'introduzione, cioè, del diritto romano*) ein ganz
« ähnlicher Zustand vorhergegangen, wie er in Deutschland der Reception
« der Fremdrechte vorging; dass ein Gegensatz, wie er sich da zwischen
« ungelehrten Schöffen und wissenschaftilch gebildeten Juristen zeigt,
« sich auch in Italien, wenn auch nicht in solcher Schärfe, zwischen
« dem alten Herkommen folgenden Richtern und den der neuen Richtung
« zugewandten Sachwaltern geltend machte ; dass es von Seiten dieser
« langer Anstrengungen bedurfte, um von ihrer mehr untergeordneten
« Stellung aus ihren Ansichten zur Geltung zu bringen; bis dann der Sieg
« der wissenschaftlichen Bestrebungen auch auf dem Gebiete des prakti-
« schen Rechtslebens sich damit entschied, dass es den Anhängern der-
« selben schliesslich gelang, als entscheidende Richter in die höchste
« Gerichte des Reiches Eingang zu finden ». — Precisamente quello che
col tempo successe anche fra noi, per opera soprattutto di Federico II.

ad un preciso bisogno che allora dovè farsi sentire nella pratica, è proprio acconcio a spiegarci le condizioni giuridiche del tempo, oscillanti fra la vecchia pratica longobarda e la recente teoria romana, che, forte anche dell'appoggio dei sovrani, cercava di farsi strada nei tribunali. Essa però il maggiore incremento l'ebbe con l'opera legislativa di Federico II, fornita da Pier della Vigna e glossata nei primi tempi da un giurista Guglielmo, probabilmente nipote al famoso cancelliere, da Andrea Bonello e da Marino da Caramanico, che furono tutti scolari degli ultimi più celebri glossatori bolognesi (1).

Per le su esposte ragioni storiche e per opera specialmente dei ricordati giuristi, il diritto romano fu ricevuto nelle leggi del regno di Sicilia, e i suoi precetti servirono sopratutto di base alla costituzione dello stato, alle disposizioni penali, all'ordinamento dei giudizii, ed alle poche norme di diritto privato, che i legislatori vollero comuni a tutto il regno, avendo lasciato che la vasta materia dei diritti reali e delle obbligazioni fosse quasi esclusivamente regolata dalle consuetudini locali.

---

(1) Su Pier della Vigna vedi SAVIGNY, l. c., cap. XL, e specialmente G. DE BLASIIS, *Della vita e delle opere di Pietro della Vigna*. Napoli, 1861. — Per i glossatori delle *Constitutiones Siciliae*, cf. CAPASSO, *Sulla storia esterna*, ecc., p. 63 e seg.

## II. — Costituzione ed amministrazione dello Stato.

La monarchia fondata dai Normanni nell'Italia del mezzogiorno fu una monarchia feudale, della quale essi aveano portato fra noi il concetto dalla Francia, dove un secolo e mezzo avanti s'erano stabiliti i loro antenati. Però è notevole come, a chi la esamini nei suoi elementi essenziali, essa non presenti i caratteri distintivi del governo feudale nel medio-evo, quali il disgregamento fra i diversi ordini sociali e il totale indebolimento del potere centrale, ma offra invece caratteri del tutto diversi. Libertà e privilegii sono conceduti ai Comuni, od Università, come qui si dicevano, ma con misura e sottoposti all'arbitrio del sovrano [1]. I feudatarii e grandi signori spesso si ribellano e vorrebbero far prevalere i loro capricci e atteggiarsi a totale indipendenza; ma il monarca tien duro, sa ben definire i suoi diritti, o quelli ch'ei crede tali, secondo le idee del tempo, e con severe punizioni riesce ad imporsi ai tumulti anarchici ed alle voglie sfrenate [2]. Gli ecclesiastici anch'essi, e come tali e come signori di feudi,

---

(1) AMARI, *Storia dei Musul.*, III, p. 289 e seg.
(2) Cf. PERTILE, *Storia del diritto italiano*, v. II, p. 295.

vorrebbero arrogarsi molti privilegii e aver tribunali a parte ed essere indipendenti dalle autorità
secolari; ma anche contro costoro Ruggiero, seguace
dell'esempio degli imperatori romano-bizantini, sa
tener fermo e ridurre le loro pretese nei limiti del
giusto e della convenienza [1]. Talchè i tre ordini
principali costituenti lo Stato qui sono stretti ad
unità nella dipendenza di tutti verso il sovrano, il
potere del quale, definito quanto più nettamente la
confusione dei tempi consentiva, esiste da per sè
riverito e rispettato.

Or tutto ciò non è certo una conseguenza del
principio feudale. Vi si scorge piuttosto il disegno
di mente superiore ai tempi suoi, che, per imporsi
ai medesimi, tiene altrove rivolto il suo sguardo,
e propriamente al vecchio impero dei Cesari, ch'era
stato la più completa attuazione del principio accentratore nel più vasto dominio che fosse mai esistito.
Nè parmi che il legislatore nostro a far rivivere
quell'ordinamento fosse stato condotto dalla sola tradizione politica romana, non venuta giammai meno
in Italia, anche per l'influenza esercitata sempre su
queste contrade dal vicino impero bizantino. Ei dovette
esservi spinto eziandio dall'esempio, che della ricostruzione del romano impero veniagli offerto in altra
epoca nella sua patria d'origine. In Francia difatti,
come alla fiacca e degenere stirpe merovingia fu
surrogata la carolingia, la nuova vita ridestatasi a
tale avvenimento non in altro modo erasi saputa

_____

(1) AMARI, *Storia dei Musul.*, III, 302 e seg.

organare, che facendo rivivere, per mezzo del Pontefice, l'antico impero occidentale, con tutt'i suoi principii accentratori nella costituzione ed amministrazione dello Stato, nei quali procurò di trovare la sua conservazione contro il principio federale e disgregativo, prevalso nell'epoca antecedente dei Merovingii [1]. Or tutto ciò non pare non abbia influito sull'ordinamento del nostro Stato normanno. E Ruggiero, imbevuto, in questa duplice corrente, dei principii di Roma imperiale, con la sua personale autorità e destrezza riuscì ad imporsi ai grandi feudatarii, e se, prima in Salerno e poscia in Palermo, fe' mostra di ricevere il titolo di Re dalle mani dei grandi dello Stato, ciò non fu che un mezzo come coprire l'usurpazione del potere regale, e premunirsi contro le pretese dei Papi e degli Imperatori. Sebbene ligio al Pontefice e guelfo per interesse, pure, accettando il concetto della « monarchia ghibellina », quale i giuristi bolognesi l'aveano già direttamente fatto discendere dall'impero romano [2], dichiarò aperto di tenere il regno da Dio

---

(1) Veggasi questo concetto rilevato con grande precisione nello scritto del prof. R. Sohm, *Fränkisches Recht und Römisches Recht. Prolegomena zur deutschen Rechtsgeschichte.* Weimar, 1880, p. 6 e seg.

(2) Si leggano il prologo e l'assisa II del Cod. Vat., donde apparisce chiaro il concetto del fondatore della monarchia. Cf. C. Karsten, *Die Lehre vom Vertrage bei den italienischen Juristen des Mittelalters. Ein Beitrag zur inneren Geschichte der Reception des römischen Rechtes in Deutschland.* Rostock, 1882, pag. 87 e seg. E per il periodo dopo i glossatori, vedi questo medesimo concetto svolto assai bene dall'avv. L. Chiappelli, *Vita ed opere giuridiche di Cino da Pistoia.* Pistoia, 1881, pag. 107 e seg.

e, servendosi delle parole stesse di Giustiniano, sè disse sacerdote del diritto, e secolari ed ecclesiastici tutti dichiarò per divina provvidenza essere a lui sottoposti (1). In conformità di questi principii le leggi fece da solo, e volle avessero autorità su tutt'i suoi dominii e preferenza su qualsiasi legge personale (2). E se si servì dei parlamenti, come nel 1140 ad Ariano, non fu per comporvi o discutervi le leggi, secondo il costume feudale e longobardo (3), ma solo per annunziarvi ai sudditi le sue disposizioni, perchè le avessero osservate. E poi, le sue Assise, tolte per lo più di peso dal diritto romano, o modificate soltanto in qualche parte secondaria, non sono esse la prova migliore, che in quelle adunanze non ebbero a subire cangiamento veruno?

A completare queste linee tracciate sulla falsariga romana, Federico, che alla qualità di Re di Sicilia accoppiò quella di Imperatore romano-germanico, oltre ad avere espressamente rifermato tutt'i principii fatti rivivere dal fondatore della monarchia (4),

---

(1) *Assise cod. Vat.*, prologo e capp., II e III. Cf. Digesti I, 1, 1, pr. 1.

(2) *Assise Vat.*, cap. I.

(3) Rotari chiudeva il suo Editto, dicendo: « Praesentem vero dispo-« sitionis nostrae edictum... pari consilio parique consensu cum primatos « iudices, cunctosque felicissimum exercitum nostrum augentes consti-« tuimus... ». Presso PADELLETTI, *Fontes*, ecc., p. 170. L'*exercitus* longo-bardo era il popolo degli Arimanni. — Cf. SCHUPFER, *Istituz. pol. long.*, lib. III, c. 2.

(4) Nel 1230, l'anno avanti la pubblicazione del codice Melfiense, Fe-derico così scriveva ai Giustizieri del Regno: « Mandamus et praecipi-« mus fidelitati vestrae, quatenus quatuor de antiquioribus viris per unam-« quamque iurisdictionem vestram, qui tempore sint et sciencia pociores, « QUI SCIANT ASSISAS REGIS ROGERII AVI NOSTRI, usus quoque et con-

risalì diritto alla fonte e disse appartenere a sè,
successore degli antichi Cesari, il diritto del *condere
leges*, che con la *lege regia* era stato dal popolo
romano in quelli trasferito [1]. Dichiarò l'autorità
imperiale essere dalla mente suprema appunto per
ciò costituita, affinchè, cadendo in desuetudine le
antiche leggi, e manifestandosi bisogni e rapporti
nuovi da quelle non contemplati, vi fosse chi det-
tasse le norme regolatrici [2]. Tutt'i tribunali e Corti
locali non erano, per adoperare la sua bella espressione, che tanti rivoli della Corte centrale, in mezzo
alla quale trovavasi l'Imperatore, fonte perenne del
diritto [3]. Il che, spogliato del solito linguaggio me-
taforico di Pier della Vigna, non volea dir altro,
che la giustizia era amministrata in nome del sovrano. — Alle città fu tolta ogni licenza di nominare ufficiali giudiziarii, e serbata esclusivamente
al sovrano l'alta prerogativa di delegare l'*impe-
rium* ai suoi rappresentanti [4]. Una semplice giurisdizione baiulare fu concessa in generale ai feudatarii. — Gli ecclesiastici, in conformità del diritto

---

« suetudines tempore Rogerii (et) Guillelmi secundi consobrini nostri me-
« morie recolende, generaliter in partibus ipsis obtentas eligatis et ad
« nostram presenciam sine dilacione qualibet destinetis, nullam protra-
« hentes in mittendo moram vel aliquam negligentiam habituri, sicut co-
« ram tenetis graciam nostram ». Presso Winkelmann, *Acta imp. ined.
saec. XIII*, p. 605.

(1) *Const. Sic.*, proem., e. I, 31; cf. il Regesto in calce all'ediz. del
Carcani, p. 234 e i Digesti, 1, 4, 1. Per queste medesime teorie, messe
già in vista dai glossatori, v. Karsten, op. cit., l. c.

(2) *Const. Sic.*, I, 38; cf. *Cod. Justin.*, I, 17, 2, 18.

(3) *Const. Sic. cit.*, e. I, 17.

(4) *Const. Sic.*, I, 48.

imperiale, esclusi dagli uffizii civili di giudici e di
notari, furono bensì messi sotto la speciale prote-
zione del sovrano essi e le cose loro, ma al pari
di tutti gli altri dovettero sottostare al potere lai-
cale (1).

Del quale potere talmente gelosi si mostrarono e
i Normanni e lo Svevo, che, per tener tutti nella
loro immediata dipendenza, dichiararono primo dovere dello Stato essere quello di serbare stretta la
unità della fede cattolica, minacciando pene severissime agli eretici ed agli apostati (2); e vollero che
ad altri i sudditi nelle loro oppressioni non dovessero ricorrere, se non ad essi, che doveano poter
bastare al loro benessere ed alla loro tutela (3). Principio questo, che escludeva ogni privilegio d'immu-
nità.

Così innalzata la potestà regia su tutti gli ordini
dello Stato, essa rappresentò l'idea romana dei Divi
Augusti Imperatori, rinnovellatasi nel secolo duodecimo e decimoterzo, la quale si valse degli elementi
feudali, che i tempi le porgevano, per ascendere il
primo gradino verso la costituzione del principato
moderno, il quale è disceso dall'antico a traverso
un lungo svolgimento storico. Certo, allora si fu che
sull'antico modello s'imprese a costruire il nuovo
edifizio; e le modificazioni, che in quello furono co-

---

(1) *Const. Sic.*, I, 84; cf. *Cod. Justin.*, I, 3, 17 e 41, e *Novella* CXXIII,
c. 15.

(2) Si vegga più giù, dove parliamo del diritto penale.

(3) *Const. Sic.*, I, 31.

stretti ad arrecare gl'iniziatori dell'opera nuova, non è chi voglia disconoscere come venissero determinate dai nuovi materiali, di cui i medesimi per necessità si dovettero servire. Qui a noi è bastato il mostrare come il tipo fosse stato preso dall'impero romano, e come il merito di avere arditamente incominciata la ricostruzione spetti al fondatore geniale della monarchia siciliana ed a Federico di Svevia.

Siffatta costituzione dello Stato dovea naturalmente influire sulla sua amministrazione giudiziaria ed economica, riducendo queste entrambe nelle mani del potere centrale e dei suoi dipendenti. Sicuramente, gli uffiziali incaricati di tali funzioni, quali giustizieri, camerarii, secreti, contestabili e baiuli, sorti da un misto d'istituti normanni e musulmani [1], non soffrono ravvicinamenti con presidi, difensori, giudici pedanei ed altri ufficiali della costituzione giustinianea. Qualche tratto di rassomiglianza, è vero, trovasi pure fra loro, ma nasce più dalle funzioni pubbliche, che su per giù in tutti gli Stati sono sempre le stesse, anzichè da studiato disegno di prendere a modello degli istituti romano-imperiali. Qualche commentatore delle Costituzioni siciliane ha tentato di ravvicinare i giustizieri ai *praesides provinciarum* e i baiuli ai *defensores civitatum* [2]; ma sono dei soliti stiracchiamenti ;

---

(1) Vedi W. v. Brünneck, op. cit., p. 201 e seg.; Brunner, *Entstehung der Schwurgerichte*, p. 147 e segg.; Amari, *Storia dei Musul.*, III, p. 315 e seg.

(2) Il Grimaldi, fra gli altri (*Stor. delle leg.*, V, 115) sfodera qui tutta la sua erudizione ed avvicina i Giustizieri ai Presidi, Proconsoli e Pro-

chè il complesso degli incarichi a ciascuno attribuiti,
e il carattere degli uffizii nel medio-evo sono cose
interamente diverse dalle romane.

Ma ciò non ostante, alcune disposizioni s'incon-
trano fra le normanne e le sveve, riguardanti l'amministrazione in generále, che hanno il loro preciso
riscontro in altre simili romane. Così re Guglielmo,
dichiarando essere cosa pericolosa la confusione nelle
attribuzioni dei pubblici uffiziali, sgrava i camerarii
di certe incumbenze speciali, che affida ai secreti,
da lui appositamente creati (1). E Federico, quasi
con le stesse parole delle fonti romane, stabilisce che
camerarii e giustizieri, all'uscire dalla carica, dovessero intrattenersi per cinquanta giorni presso i
loro successori, nel qual tempo fosse data facoltà a
chiunque di accusarli delle ingiustizie ricevute durante
il periodo della loro amministrazione (2). In ultimo,
avuto riguardo a tutti gli ufficiali, essi non sono
considerati altrimenti che come rappresentanti e quasi
prolungamenti della persona stessa del sovrano, la
quale non potendo, per la individualità sua, trovarsi
di persona in ogni luogo, cerca per mezzo loro di
assistervi in potenza (3).

---

pretori romani e forse meglio, soggiunge, ai Consolari e Correttori, i
Camerarii ai *Procuratores Caesaris* e i Baiuli ai *Defensores civitatum.*

(1) *Const. Sic.,* I, 61.

(2) *Const. Sic.,* I, 97; cf. *Cod. Justin.,* I, 49; *Novella* VIII, c. 9.

(3) *Const. Sic.,* I, 17: « Sic nos etiam, qui, prohibente individuitate
« personae, ubique praesentialiter esse non possumus, ubique potentia-
« liter adesse credamus ». Cf. *Cod. Just.,* X, 52, 7: « Sed quia singulis
« civitatibus adesse ipse non possum, *rel.* ».

## III. — Diritto Penale.

accentrata unità , del tutto contraria agli
ed alle tendenze del tempo, abbisognava dei
rii sostegni in quelle parti del diritto, desti-
regolare i rapporti fra le libertà dei cittadini
teri dello Stato, il diritto penale cioè e il pro-
ato nei giudizii. Perciò i legislatori normanni
evo, conscii del loro còmpito, si curano assai
al diritto esclusivamente privato, e rivolgono
attenzione a fissare le pene dei reati e a det-
norme regolatrici dei giudizii: nella quale
non cessano mai dal ricordare ch'essi proce-
alle tracce dei Divi Imperatori, che chiamano
*itores* e *predecessores* (1). È vero che anche
sta parte è dato di scoprire l'influenza del
più che nelle singole disposizioni discordanti
omane, in quel brusco e reciso affermare che
più il legislatore fa delle pene, senza discen-
le specificazioni romane, e in quel dettare una

---

giero nell'Assisa IIdel cod. Vat., parla di *projenitores nostri*,
al nome a me par si debbano intendere gl'Imperatori romano-
Cf. la mia rassegna sul libro già citato di Perla , nell'*Arch.*
., VII, p. 179 e sg. — La voce *predecessores* è adoperati
Federico nelle suecostituzioni. Vedi *Capasso*, *Sulla stori*
. 24, n. 1.

norma processuale, che non par nata dalla vita,
come la romana, nella quale pure essa s'ispira, ma
che ha un non so che di assoluto e di duro, e tra-
disce lo studio sopra un esemplare già esistente,
e non rivela una lunga pratica di giudizii; ma tutto
ciò non è, che portato necessario ed inevitabile della
condizione delle cose, rimanendo sempre fermo il
fatto, che la più parte delle disposizioni è modellata
sulle romane.

Anzitutto, come Giustiniano diè principio al suo
Codice coll'occuparsi del clero e di cose ecclesiastiche,
del pari Ruggiero e Federico credettero loro dovere
di rivolgere le loro prime cure alla Chiesa. Se la
potestà a re e imperatori viene direttamente da
Dio, ne consegue ch'essi devono, prima di ogni altra
cosa, proteggere la Chiesa, conservandone l'unità,
e distruggendone i nemici. E come già gl'Imperatori
bizantini avevano perseguitato Ariani, Nestoriani e
Manichei, così Federico rivolge i suoi sdegni contro
i Paterini, che dice rei di lesa maestà [1], e li spoglia
dei beni e li condanna ad essere bruciati, senza
neppur fare le distinzioni, che si faceano nel diritto
romano tra gli affetti di eresia, coloro che la inse-
gnavano e quelli che l'apprendevano [2]. Per i loro

---

[1] Dovevano essere esaminati dagli ecclesiastici e condannati senz'altro,
*si evidenter inventi fuerint a fide catholica saltem in uno articulo de-
viare. Const. Sic.*, I, 1. — Lo stesso aveano detto gl'imperatori Gra-
ziano, Valentiniano e Teodosio:... *latis adversus eos sanctionibus suc-
cumbere debent, qui vel laevi argumento a iudicio catholicae religionis
et tramite detecti fuerint deviare.* Cod. Justin., I, 5, 2, 1.

[2] *Const. Sic.*, I, 1, in fine della glossa.

figli e seguaci si attiene in generale alle conseguenze romane delle condanne di maestà [1]. E parmi mirabile per concisione un'assisa di re Ruggiero contro gli apostati, laici o ecclesiactici che siano, in cui, spogliandoli dei loro averi, privandoli delle successioni e d'ogni specie di diritti, compendia in poche parole un intero titolo del Codice giustinianeo [2]. I sacrilegi devono, secondo le circostanze, per un'altra legge dello stesso re Ruggiero, ispirata evidentemente ad una dei Digesti, essere puniti ad arbitrio del giudice [3]: ma se per violenza si sono intromessi nei templi, sottraendone i sacri arredi, il medesimo re dichiara *crimen capitale* un tal fatto, che Arcadio ed Onorio aveano chiamato *crimen publicum* [4]. A' mimi e buffoni, sotto pena di essere in pubblico bastonati, fu proibito di servirsi di abiti di persone ecclesiastiche per i loro giuochi [5]. Ai

---

(1) *Const. cit.*; cf. *Cod. Just.*, IX, 8, 4, 5 e 6.

(2) *Assise cod. Vat.*, XIII = *Assise cod. Cass.*, IX = *Const. Sic.*, I, 3. Cf. *Cod. Justin.*, I, 7.

(3) *Assise cod. Vat.*, XVII = *Const. Sic.*, I, 5: « Multae leges sacri- « legos saevissime punierunt, sed *poena moderanda est arbitrio iudi- « cantis* ». Cf. *Dig.* XLVIII, 13, 6 pr.: « Sacrilegii poenam debebit Pro- « consul pro qualitate personae.... vel severius vel clementius statuere; « et scio multos ad bestias damnasse sacrilegos, *nonnullos etiam vivos* « *excussisse*, alios vero in furca suspendisse. Sed *moderanda poena est* « usque ad bestiarum damnationem eorum, qui manu facta templum « effregerunt et dona Dei noctu tulerunt ». Si osservi che qui la Vulg., anzichè *templum*, ha *templa*, e così dice anche il cod. Vat. dell'Assisa di Ruggiero. — Questo confronto non è notato dal Merkel. Si noti pure l'abbruciamento riprodotto da Federico.

(4) *Assise cod. Vat.* XVII; cf. *Cod. Justin.*, 1, 3, 10. Vedi anche le *Formulae Magnae Imperialis Curiae* pr. WINKELMANN, *Acta imp. ined. saec.*, *XIII*, n. 970 (20).

(5) *Assise cod. Vat. XIV*, *de ioculatoribus* = *Cod. Just.*, I, 4, 4. Qui però non è designata la pena.

bestemmiatori fu minacciato il taglio della lingua, mentre per diritto romano pare fossero puniti con la morte [1].

Dopo la Chiesa, lo Stato ed il Sovrano: a tutela dei quali Ruggiero ripubblicò col suo nome le più dure prescrizioni degli imperatori romano-cristiani, introducendovi solo qualche cambiamento nella forma, richiesto dalle mutate condizioni politiche. Quindi soltanto il mettere in discussione i consigli, i fatti e le nomine del re fu dichiarato cosa sacrilega [2], e vennero richiamate in vigore tutte le disposizioni romane riguardanti il *crimen maiestatis* [3], e per il delitto di cospirazione contro gli alti ufficiali dello Stato fu rinnovata la famosa legge *Quisquis* di Arcadio ed Onorio [4]. Guglielmo I proibì ai suoi giustizieri di usurpare poteri che a lui solo spettavano, e minacciò loro la morte, secondo il concetto della *Lex Julia Maiestatis*, se si fossero permessi di nominare dei vicarii. Questa pena però fu mitigata da Federico, che la ridusse alla confisca dei beni [5]. Il quale inoltre, a mantenere l'ordine pubblico, proibì ai cittadini di portare armi, amando meglio, secondo

---

(1) *Const. Sic.*, III, 91; cf. *Novella* 77 e *Cod. Just.*, III, 43, 1.

(2) *Assise cod. Vat.*, XVII = *Const. Sic.*, I, 4 = *Cod. Justin*, IX, 29, 3.

(3) *Assise cod. Vat.*, XVIII, 2 = *Cod. Just.*, IX, 8, 6; cf. *Const. Sic.*, I, 58 e III, 92.

(4) *Assise cod. Vat.*, XVIII, 1 = *Cod. Theod.*, IX, 14, 3 = *Cod. Just.*, IX, 8, 5.

(5) *Const. Sic.*, I, 58 (*di Guglielmo*), 48 (*di Federico*). Cf. *Dig.*, XLVIII, 4, 3.

il dettato romano da lui nella sua costituzione (1) ripetuto, *occurrere in tempore, quam post exitum vindicare.* Non riconosciuta sotto nessuno aspetto ⊥la vendetta privata, la *Selbsthülfe* dei Germani; tutti devono far valere le loro ragioni per mezzo dei magistrati; solo l'assalito può difendere sè e le cose sue contro l'assalitore, uccidendolo, *prius quam divertat ad alios actus extraneos,* ed unicamente in questo caso gode del *moderamen inculpatae tutelae* (2).

Venendo ai reati contro le persone, troviamo per l'omicidio stabilita indistintamente la pena di morte, da eseguirsi, per i militi, con la spada, e per quelli d'inferiore condizione, con la forca; non tenendosi cònto della distinzione romana fra i liberi, puniti coll'*aquae et ignis interdictio*, e i servi puniti con la morte (3). Però chi uccideva l'aggressore od il ladro notturno, secondo i precetti romani riprodotti alla lettera da Ruggiero, non era punito (4). Nè dell'omicidio rispondono il fanciullo ed il furioso, *quia alterum innocentia consilii, alterum fati infelicitas excusat* (5). Troviamo anche comminata la

---

(1) *Const. Sic.*, I, 10; cf. *Cod. Justin.*, XI, 46 (47), 1; III, 27, 1; *Dig.*, XLVIII, 6, 1 e 2.

(2) *Const. Sic.*, I, 8; cf. *Cod. Justin.*, VIII, 4, 1; *Dig.*, I, 1, 3.

(3) *Const. Sic.*, I, 14; cf. *Dig.*, XLVIII, 8; *Cod. Justin.*, IX, 16; *Instit. Just.*, IV, 18, 7; *Mosaicarum et Romanarum legum collatio*, XII, 5.

(4) *Assise cod. Vat.*, XXXVIII e XL, inserite da Federico nella Cost. cit. (I, 14) = *Cod. Justin.*, IX, 16, 2 e *Dig.*, XLVIII, 8, 9.

(5) *Assise cod. Vat.*, XXXIX, riprodotta da Federico nella stessa Cost. = *Dig.*, XLVIII, 8, 12.

pena del capo per il reato di veneficio, punito in
Roma dalla *lex Cornelia de sicariis et veneficis*.
Ispirandosi allo stesso concetto della legge romana,
Ruggiero e Federico punirono egualmente fabbricanti, spacciatori e compratori di veleni, di filtri e
di altri medicamenti nocivi [1]. È notevole però come
lo stesso Ruggiero, confondendo la colpa con il dolo,
condannasse all'ultimo supplizio chi uccideva una
persona, col precipitar sè dall'alto, o col gittare
un ramo, od una pietra senza aver prima gridato [2].
Caso questo espressamente escluso, quasi con le stesse
parole adoperate dal normanno, dalla *lex Corn. de
sicar.*, e che Federico con una sua costituzione [3]
riportò ai principii romani.

E lo stesso imperatore, interpretando un rescritto
di Adriano, di molta importanza per la determinazione della *culpa* negli omicidii, stabilì che non sempre
chi estraeva un'arma per percuotere, poteva avere
l'intenzione di uccidere, e nel caso non l'avesse avuta,
egli andava punito con pena doppia di quella fissata
per i semplici portatori di armi [4]. Nè interpetra

---

(1) *Ass. Vat.*, XLIII; *Ass. Cass.*, XXIX; *Const. Sic.*, III, 69, 70, 71,
72 e 73. Cf. *Dig.*, XLVIII, 8, 3, e XLVIII, 38, 5; vedi anche Cicerone,
*pro Cluentio*, 54.

(2) *Ass. Vat.*, XLII = *Const. Sic.*, III, 88. Si confr. il testo di questa
Assisa nella nostra appendice.

(3) *Const. Sic.*, III, 89: « Absurdum, così *conchiude Federico*, in casu
« isto praevidimus punire equaliter simplicem et dolosum ». — Cf. *Dig.*,
XLVIII, 8, 7.

(4) *Const. Sic.*, I, 12. — Si osservi in questa Cost. come l'Imperatore
si considerasse quale interpetre autentico delle leggi romane. — Il rescritto dell'imperatore Adriano si trova nei *Digesti*, XLVIII, 8, 1, 3.

soltanto le leggi antiche, ma vi fa eziandio quelle aggiunzioni che crede necessarie. Così, a proposito dei reati contro le persone, nel confermare le pene comminate dalle *veteres leges* contro i violatori dei sepolcri e dei cadaveri, minaccia la rescissione della mano a chi spogliasse un cadavere insepolto [1].

In quanto ai reati contro la famiglia ed il buon costume, Ruggiero, abolendo espressamente la pena di morte con la spada, minacciata dalle leggi romane all'adultero, volle punito costui con la confisca dei beni, se non avesse avuto figli. All'adultera ordinò, in conformità di una legge greca, che fosse troncato il naso dal marito; e, se questi non si fosse avvalso di tal diritto, quella dovesse pubblicamente essere flagellata, in conformità di una novella giustinianea [2]. Non poteva essere dannato per lenone il marito, per solo sospetto di aver lasciato prostituire la moglie; bisognava si dimostrasse averla egli còlta sul fatto, e non essersi brigato nè di castigarla, giusta la facoltà concessagli dalla legge, tagliandole il naso, nè di consegnarla alla giustizia [3].

---

(1) *Const. Sic.*, III, 93. Vedi, per le *veteres leges*, *Cod. Justin.*, IX, 19, 4; *Dig.*, XLVII, 12.

(2) *Ass. Vat.*, XXVIII, 2 = *Const. Sic.*, III, 74. — Per la pena di morte stabilita da Costantino e conservata da Giustiniano, v. *Cod. Theod.*, IX, 7, 2; *Cod Justin.*, IX, 9, 30. Per la fustigazione v. *Novella* CXVII, 10, 12. — La legge greca è riferita nel *Cod. Justin.*, IX, 9, 37 (presa dai *Basilici*).

(3) *Ass. Vat.*, XXVIII, 4 = *Const. Sic.*, III, 76; *Ass. Vat.*, XXXII = *Const. Sic.*, III, 82; *Assise Cod. Cass.*, XXI; *Cod. Justin.*, IX, 9, 2; *Dig.*, XLVIII, 5, 29, pr. Per le pene dei lenoni, v. *Ass. Vat.*, XXX, 1 e 2 = *Const. Sic.*, III, 79 e 80.

Le donne di vil condizione e colei, *quae passim ve-*
*nalem formam exhibuit et vulgo prostitutam se*
*praebuit*, non potevano essere accusate di adulterio;
era però vietato di fare ad esse violenza, nè era
alle medesime permesso di abitare *inter feminas*
*boni testimonii* (1). Nè il marito, nè altri, a cui
era ciò permesso dalla *lex Julia de adult.*, potevano accusare nello stesso tempo entrambi gli adulteri; doveano incominciar dall'accusare uno dei due
ed aspettare la fine del giudizio, per poter indi procedere all'accusa dell'altro. Ruggiero accolse il dettato romano e non si contentò solo di spiegarlo,
dicendo: « Nam si adulter defendi poterit, mulier
« est secura nulli ulterius responsura;. si vero fuerit
« condempnatus, tunc demum mulier accusetur » ;
ma, a dilucidazione della legge romana, aggiunse:
« Lex delectum non facit, quis primum conveniri
« debeat; sed si uterque praesens est, vir conve-
« niendus est primum (2) ». Se, dopo intentata l'accusa, il marito riprendeva seco la moglie, ritenevasi avesse con tal fatto desistito dall'accusa medesima
e perciò ei non poteva di nuovo *suscitare questio-*
*nem*, come dice l'assisa normanna, nè, al dire del
giureconsulto Paolo, aveva più *ex eadem lege*

---

(1) *Ass. Vat.*, XXVIII, 5; XXIX = *Const. Sic.*, III, 77; *Cod. Just.*,
IX, 9, 29 e 22. — Si vegga la Cost. 21 del lib. I, non sappiamo bene
se del I o del II Guglielmo, in cui si minaccia la pena capitale a chi
per forza avesse voluto costringere la prostituta *suae satisfacere volun-*
*tati*. Cosa, che per dir. rom. andava impunita. *Dig.*, XLVII, 2, 39.
(2) *Assis. Vat.*, XXIX, 2 e 3; *Ass. Cass.*, XVIII, che non hanno corrispondenze nelle costituzioni. V. *Cod. Justin.*, IX, 9, 8; *Dig.*, XLVIII,
5, 32, 1.

*postea accusandi ius* [1]. Fu più reciso e meno scrupoloso dei giuristi romani Ruggiero, nel dare al marito facoltà di uccidere, cogliendoli sul fatto, *tam uxorem, quam adulterum, nulla tamen mora protracta*, senza far nessuna distinzione; mentre è noto come per diritto romano fosse consentito al marito di uccidere solo certa specie di adulteri, e solo quando li trovasse nella propria casa [2]. La quale disposizione normanna parmi modellata sopra una simile longobarda, a cui non era apposta neanche la limitazione del *nulla mora protracta*, e che sembrami si debba all'alto sentimento che dell'onore ebbero i popoli germanici [3].

Per il ratto, Ruggiero, riproducendo la disposizione di Giustiniano, che puniva di morte chi avesse rapito vergini consacrate a Dio, si riserbava di punirli anche diversamente. Federico nel suo codice tolse quest'ultima limitazione, e non solo riprodusse tal quale la legge romana, ma rifermò espressamente la pena capitale da Giustiniano stabilita per rapitori di vergini, di vedove, di spose e di maritate, ed anche per i loro complici e fautori, e proibì la con-

---

(1) *Ass. Vat.*, XXXIII = *Const. Sic.*, II, 11 = *Dig.*, XLVIII, 5, 40, 1.

(2) *Ass. Vat.*, XXXI, 2 = *Const. Sic.*, III, 81. Cf. *Dig.*, XLVIII, 5, 22, 23 e 24; PAUL. *Rec. Sent.*, II, 26, 1 e 4; *Mosaic. et Romanar. leg. Coll.*, IV, 3, 1; VALER. MAX., VI, 1, 13. — Per l'espressione di Ruggiero *nulla tamen mora protracta*, cf. la romana *in continenti filiam occidat. Dig.*, l. c., 23, 4.

(3) Questa facoltà dal diritto longobardo concessa al marito era un avanzo dell'antica vendetta germanica. Cf. *Edict. Roth.*, 212, pr. PADELLETTI, *Fontes*, ecc., e vedi ANDREA BONELLO, *Comm. in Long. leg.*, Tit. XXVI.

suetudine contraria, invalsa per diritto canonico in alcune parti del regno, secondo la quale il rapitore si esimeva dalla pena, sposando la rapita, o collocandola in matrimonio (1). Ed essendo invalso il costume nelle donne di accusare, contro verità, gli uomini di ratto o di patita violenza, acciocché quelli, *accusationis instituendae vel institutae timore*, si fossero indotti a sposarle; Federico volle, che, provatasi falsa l'accusa, in conformità del precetto romano, per il quale il falso accusatore dovea subire la pena minacciata all'accusato, fossero dannate all'ultimo supplizio (2). Se erano gravide, così per questa come per altre condanne, si differiva l'esecuzione a quaranta giorni dopo il parto, *humanitate suadente* (3).

A tutela della riputazione, lo stesso Federico rinnovò contro i calunniatori, che non dimostrassero vere le loro accuse, la pena del taglione, stabilita per diritto romano, e andata in disuso nel regno, *consuetudine quadam*. Non bastava però, si aggiunge, ché gli accusatori non avessero potuto fornire la prova della loro accusa, ma richiedevasi che

---

(1) *Ass. Vat.*, XI = *Const. Sic.*, I, 20, solo che qui non è riprodotta l'ultima frase: « vel alia pena, quam regia censura decreverit », la quale manca nel *Cod. Just.*, 1, 3, 5; cf. anche fr. 54 *ibid.* — Per la pena stabilita da Giustiniano v. *Cod.*, IX, 13, con la quale sono abolite tutte le leggi precedenti. Cf. *Novella* CXXIII, 43; *Inst. Just.*, IV, 18, 8. — Per la proibizione delle nozze fra rapitore e rapita, v. *Novella* CXLIII. Per l'uso invalso nel regno, v. Pecchia, *Storia*, vol. I, lib. II, § 35.

(2) *Const. Sic.*, 1, 24. Cf. *Cod. Just.*, IX, 2, 17.

(3) Per dir. rom. non solo si differiva la pena, *sed ne quaestio de ea habebatur*. *Dig.*, XLVIII, 19, 3.

fossero *in evidenti calumnia*, per dover subire la pena, *quam accusatis imponi obiecti criminis qualitas requirebat.* E questa fu una necessaria interpetrazione del diritto romano[1].

Per le ingiurie, tolta di mezzo la rozza casistica delle composizioni longobarde, fu rinnovata interamente ed espressamente la teoria romana, quale in gran parte era stata fermata da Labeone : « Varietates « poenarum, *così incomincia la Cost., 43, lib. III,* « super compositionibus injuriarum secundum di- « versas hominum conditiones, ad unitatem *iuris* « *communis* praevidimus reducendas , quae super « hujusmodi conditionibus hactenus obtinebant, om- « nino sublatis [2]. Statuimus igitur providentiam « juris communis in omnibus observari debere, vi- « delicet ut circa passos injuriam habeatur discretio « personarum, quae injuriam inferunt, et quae in- « juriam patiuntur, si sint publicae vel privatae , « et in quo dignitatis speculo constitutae; temporis « etiam commissae injuriae consideratio est habenda,

---

(1) *Const. Sic.*, II, 14 ; *Cod. Just.*, II, 7, 1, e IX, 46, 3; cf. Svet., *Octav.*, 32, Plin., *Paneg.*, 35. — Si notino le parole della Cost., con le quali si spiega il concetto dell'*evidens calumnia* : « Judices... non ex hoc solo, « quod accusantes vel delatores in probatione defecerint, calumniantes « ipsos esse praesumant ; subesse namque potest causa probabilis, pro- « pter quam speratas probationes inducere nequeat accusator. Sed ca- « lumniam evidentem exigimus, ut accusator temerarius arguatur ».

(2) È noto il sistema delle composizioni longobarde, nel quale non erano regole generali, ma per ogni ingiuria od offesa era stabilita la multa da pagarsi. È evidente che a tal sistema si riferisce questo luogo, il quale ha la sua conferma in quello che sappiamo da Roffredo Beneventano, che nel regno cioè preponderavano le disposizioni penali longobarde, come appresso vedremo.

« nec minus in quo loco, quibus praesentibus, an in
« judicio vel extra judicium, injuria sit commissa (1) ».
Per la pena accetta anche la maniera romana di
valutare l'ingiuria e stabilisce che il giudice, consi-
derate diligentemente tutte le sopraddette circostanze
« firmare sententiam debebit, videlicet a passo in-
« juriam, cum taxatione praecedente, sacramento
« recepto, quod tantum voluisset de suo proprio
« amisisse potius, quam injuriam sustinere voluisset
« illatam et in eo, quod actor praedicto modo ju-
« raverit, condemnatio subsequetur (2) ». La somma
per tal modo stabilita, chiamata nelle fonti romane
*aestimatio*, e nella Cost. cit. detta *compositio*, con
voce tolta al diritto longobardo, andava per diritto
romano, tutta a benefizio dell'offeso; ma siccome
nel regno era invalso l'uso e l'abuso che se ne ap-
propriasse il fisco, così Federico, tenendo una via
di mezzo, ne attribuì una terza parte all'ingiuriato
e due terzi alla Curia giudicante (3).

Passando dalle persone alle cose, nella tutela del
possesso degli immobili, il legislatore svevo seguì
una via di mezzo fra il diritto romano ed il longobardo, accostandosi però sempre più a quello, il

---

(1) Cf. *Dig.*, XLVII, 10, 7 e 8, ecc.; *Gaii Inst.*, III, 225.

(2) Gaio, dopo aver parlato della pena delle ingiurie secondo le XII
Tav., continua : « Sed nunc alio jure utimur: permittitur enim nobis a
« praetore ipsis injuriam aestimare, et judex vel tanti condemnat, quanti
« nos aestimaverimus, vel minoris, prout illi visum fuerit ». *Gaii Inst.*,
III, 224. Cf. *Inst. Just.*, IV, 4, 7 e segg.

(3) *Const. Sic.*, III, 42; ANDREA BONELLO, *Comm. in leg. Long.*, titolo XIII; *Inst. Just.*, IV, 4, 16.

quale stabiliva che chi avesse violentemente rapito
ad altri il possesso di un immobile di sua proprietà, prima dell'evento del giudizio, dovesse non
solo restituirlo, ma perderne eziandio il dominio, in
pena della sua audacia. Se la cosa non era sua,
oltre al restituirla, dovea sborsarne anche il prezzo.
L'altro, cioè il diritto longobardo, più mite ed osse-
quente insieme al vecchio principio del diritto germanico, di farsi anzitutto ragione da sè, imponeva
una multa di sei solidi per lo spoglio e solo quando
l'invasore non avesse potuto dimostrare sua la cosa,
confondendo in tal guisa il possessorio col petitorio [1].
Federico ordinò si restituisse il possesso innanzi tutto
in conformità del diritto romano, e si discostò da
questo soltanto nel ridurre la pena alla metà del
valore dell'immobile [2]. Abolì il diritto franco e con-
dannò i rapitori dei mobili nel quadruplo, giusta il
diritto romano, *computata re* [3].

In quanto ai reati contro la proprietà, sono puniti con la morte gl'incendiarii, come per diritto romano [4]; e con pena diversa dalla romana e più

---

[1] « Si quis ex sua auctoritate terra aliena sini publico wifaverit, di-
« cendo quod sua debeat esse, et postea non potuerit provare quod sua
« sit, componat solidos sex, quomodo qui palo in terra aliena figit ».
*Edict. Liutpr.*, 148 (47), An. 23, VI, pr. PADELLETTI, *Fontes*. È del
resto notissimo come i popoli germanici non conoscessero una tutela indipendente del possesso. Cf. BETHMANN-HOLLWEG, *Civilprozess*, IV, 40;
NANI, *Studii di dir. long.*, II, 36 e seg.

[2] *Const. Sic.*, I, 25, *Cod. Just.*, VIII, 4, 7.

[3] *Const.* cit.; *Inst. Just.*, IV, 2 pr.: « Quadruplum autem non totum
« poena est, et extra poenam rei persecutio,... sed in quadruplo inest rei
« persecutio, ut poena tripli sit ». — Cf. ANDREA BONELLO, *Comm. in
leg. Long.*, tit. XXIV.

[4] *Ass. Vat.*, XLI = *Const. Sic.*, III, 87; cf. *Dig.*, XLVIII, 19, 28, 12.

dura di questa chi avesse sottratto qualche cosa in un incendio o in un naufragio[1]. È tenuto a rispondere di furto chi, trovata una cosa non sua, non la consegni al giustiziere o al baiulo[2]; sono rei di morte e perdono i loro averi i fabbricanti e gli spacciatori di monete adulterine, e quelli che raschiano o in qualsiasi altro modo diminuiscono le monete legali dello Stato[3]. Sono tenuti a rispondere di falso coloro che nascondono o distruggono testamenti od altri atti pubblici[4]; il figlio, che distrugge il testamento paterno, è privato dell'eredità[5]. La pena comminata ai falsarii variava in rapporto della falsità commessa e della persona[6]. Il peculato, nei pubblici ufficiali, è punito con la morte, come aveva ordinato anche Teodosio; Ruggiero però si riserba di poter far grazia ai colpevoli[7].

Sono queste le principali disposizioni penali, dalle Assise normanne e dalle Costituzioni sveve attinte a fonti romane. Carattere generale di esse è la riproduzione di frammenti del corpo del diritto, riprodu-

---

(1) *Const. Sic.*, I, 29; cf. *Dig.*, XLVII, 9, 1 e 4; *Cod. Just.*, XI, 5, 1 e 5.

(2) *Const. Sic.*, III, 35; secondo l'Isernia (*in Lect.*) questa legge è di Guglielmo I, *quia malus*. V. Capasso, *Sulla storia esterna*, ecc., p. 22, n. 3. — Cf. *Dig.*, XLVII, 2, 43, 4.

(3) *Ass. Vat.*, XXI, 1 = *Const. Sic.*, III, 62; cf. *Cod. Just.*, IX, 24, 2; *Ass. Vat.*, XXI, 2 = *Const. Sic.*, III, 63 = *Dig.*, XLVIII, 10, 8. L'espressione *adulterinam monetam* dell'*Ass.*, XXI, 1, si trova nel *Cod. Just.*, IX, 24 pr.

(4) *Ass. Vat.*, XXIV = *Const. Sic.*, III, 66 = *Cod. Just.*, IX, 22, 14.

(5) *Ass. Vat.*, XXIV, 2 = *Const. Sic.*, III, 67; cf. *Dig.*, XLVIII, 10, 26.

(6) *Ass. Vat.*, XXII = *Cod. Justin.*, IX, 22, 22; *Ass. Vat.*, XXV = *Const. Sic.*, III, 68.

(7) *Ass. Vat.*, XXV = *Const. Sic.*, I, 36; cf. *Cod. Just.*, IX, 28

zione pura e semplice della pena, o fatta in contrapposto dell'uso contrario già invalso in queste contrade. Tutte le determinazioni, da cui sono accompagnati quei precetti nelle fonti romane, e che riescono di tanta utilità nella pratica di essi, qui per lo più mancano: segno che il legislatore non volle fare altro, se non dar vita nuova a quelle fra le leggi romane che ancor potevano servire a' suoi fini, lasciando alla giureprudenza il còmpito pratico di dichiararle ed applicarle ai singoli casi della vita, come di fatto fecero i glossatori e commentatori di sopra ricordati. Un primo indizio del sorgere di quella giurisprudenza abbiamo già visto in qualche aggiunta fatta da Ruggiero alle leggi romane, che venìa pubblicando col suo nome ; parecchie tracce ne scorgiamo nelle Costituzioni Fridericiane: finchè, pubblicato tutto il nuovo corpo del diritto, la giurisprudenza medesima, seguendo sempre lo stesso indirizzo, viene a formarsi da sè, indipendentemente dall'influenza de' sovrani, per opera de' dottori. E ad essa sopra tutto si deve se il diritto penale romano facendosi largo nei nostri tribunali, riuscì a scacciarne il longobardo, il quale radicato già profondamente nei costumi gli oppose valida e lunga resistenza. Roffredo Beneventano difatti, tuttochè contemporaneo di Federico, pure, nella sua grande opera pratica, ancor avea speciale riguardo delle disposizioni penali longobarde[1]; segno, che queste, nella pratica

---

[1] BETHMANN-HOLLWEG, *Civilprozess*, VI, 201 : « Bemerkenswerth ist « auch, dass er (Roffredo) die eigenthümlichen Bestimmungen des lon- « gobardischen Rechts über Verbrechen berücksichtigt ».

dei giudizii, resistevano tuttavia alle romane testè
richiamate in vigore. Ma non passò molto e queste,
forti dell'autorità sovrana, prevalsero in modo che
Andrea d'Isernia potè dire: *longobardis legibus
non utimur in maleficiis* (1), ed Andrea Bonello,
verso la fine del suo opuscolo, sulle differenze fra
il diritto romano ed il longobardo, potè assicurarci
che, sebene altri casi di divergenze esistessero fra
i due diritti, specialmente in quistioni criminali,
pure egli non avea creduto di occuparsene, perchè
oramai inutili ed inusitati (2). E per persuaderci di
ciò basta dare uno sguardo ai trentanove casi da lui
esaminati, in cui quattro appena riguardano delle
pene (3), occupandosi tutti gli altri di quistioni di
diritto privato, sul cui terreno, non tocco quasi affatto dai nuovi legislatori, il diritto longobardo ebbe
agio di potere più lungamente resistere, come appresso vedremo.

---

(1) In *Lectura ad Const. Sic.*, I, 65. Cf. lo stesso, *In usus et cons.
feud.*, Prael., n. 40: « In maleficiis non servant regnicolae ius illud (sc.
« longobardum), ut plurinum ratione carens ».

(2) ANDR. DE BARULO ICTI *Comment. in leg. Long.*, titolo XXXVII:
« Sunt et alii casus, in quibus discordant jura praedicta, *maxime in cri-
« minalibus*, quos tanquam inutiles et inusitatos in hoc opuscolo nolui
« compilare ».

(3) Titoli XII, XXIV, XXVI, XXVII.

## IV. — Procedimento nei giudizii.

Come nel resto, così anche nel procedimento dei giudizii era prevalso nell'Italia meridionale, sino allo stabilimento della monarchia normanna, il diritto longobardo ; il quale, sorto in mezzo ad un popolo abituato a sbrigare le sue faccende alla spiccia, erasi, per l'indole dei tempi, imposto, sopraffacendolo, al tradizionale processo romano. Nè avendo, dopo unificate queste provincie, fatto nulla i dominatori normanni per abbatterlo, esso avea anche invaso il campo delle terre occupate sino a poco avanti dai Bizantini[1]. E se bene coi Normanni fossero sopravvenute le costumanze del processo franco, pure il longobardo, tra per la forza già acquistata e per la parentela vecchia che univalo al nuovo venuto[2] (parentela che rendevalo capace di trasformarlo e di assimilarselo), dominava da assoluto signore. Del quale dominio già basterebbero a far testimonianza sufficiente i mezzi di

---

[1] Vedi, per Bari, un giudicato del 1152, pr. DEL GIUDICE, *Cod. Dipl. Ang.*, vol. I, App. I, Doc. VIII.

[2] È noto come originariamente il diritto longobardo ed il franco fossero entrambi diritti gentilizii germanici (*Volksrechte*).

prova interamente formali, come il giuramento purgativo ed il giudizio di Dio, proprii del diritto longobardo, che furono in uso presso di noi fino alle costituzioni fridericiane (1). Ma vi sono le carte di giudicati,
che tuttavia ci rimangono dei tempi normanni, dalle
quali si può chiaramente vedere, come il processo
fra noi non differisse niente affatto dal processo longobardo (2) nel rimanente d'Italia.

In prova mi piace di esporre una sentenza data
dal giudice del castello di Medunio, nel 1158,
sotto Guglielmo I. Lasciamo la parola al giudice
medesimo (3): « Ego Petracca castelli medunei
« Judex. Dum sederem in regia curia ejusdem
« predicti castelli..... *consedentibus etiam circa*
« *nos compluribus bonis ominibus ipsius pre-*
« *fati castelli*. Tunc *nostram ante presentiam*
« *venit* d. Guillelmus ven. prior monasterii s. Lau-
« rentii civitatis Averse una cum Guidelmo prepo-
« sito ecclesie s. Angeli de Frassineto, *proclamans*
« super Blasium militem predicti castelli *per Judi-*
« *cem Marainum suum advocatum dicens*. Do-
« mine Judex. Blasius miles istius castelli catapanus

---

(1) Le costituzioni di Federico, che abolirono il duello giudiziario,
sono notissime: in quanto al giuramento purgativo, se ne può vedere
un esempio nella sentenza riferita nel testo.

(2) Per questo, se ne vegga l'esposizione presso il BEHTMANN-HOLLWEG,
*Civilprozess*, V, 327 e segg., ed il FICKER, *Forschungen*, I, 21 e segg.

(3) Presso DEL GIUDICE, l. c., Doc. IX; v. anche i Doc. XXIII e XXVI,
e cf. la prima delle *Tre carte greche dell'Italia meridionale edite ed
illustrate da* G. MÜLLER, nell'Arch. Stor. Ital., ter. ser., vol. VII, par. I,
pag. 6 e segg.

« injuste et sine racione cepit et tenet animalia et
« oleum prefate ecclesie s. Angeli, de quo si vobis
« placet justitiam volumus habere... *hanc procla-*
« *mationem audiens* ego qui supra Judex... dixi
« eidem catapano ut prefate *compellacioni respon-*
« *deret.* Qui catapanus *respondit dicens* domine
« Judex. Ego animalia et oleum de dicto monasterio
« non injuste sed iuste et racionabiliter cepi et teneo,
« nam pars ipsius monasterii, annualiter debet dare
« duodecim stara olei parti puplice propter olivas
« que fuerunt Alberici iam nominati castelli, quas
« isdem Albericus eidem monasterio obtulit et ipse
« monasterius oleum ipsum annualiter parti puplice
« pro ipsis olivis usque modo dedit ». L'avvocato
del monastero, o sia il *Judex Marainus*, nega
che sia stato mai dovuto un simile canone: il giudice
Petracca chiede al catapano se abbia altre ragioni
per dimostrare il suo assunto, e, poichè questi dice
di no, il giudice continua: « *Interrogavi etiam et*
« *conjuravi complures homines predicti castelli*
« *per sacramenta et fidem* quam... d. regi. de-
« bebant ut, si·scirent quod aliquod tribùtum pars
« ipsius monasterii pro ipsis olivis parti puplice dare
« solita fuisset, nobis dicerent. Qui dixerunt: do-
« mine, nunquam scimus partem ipsius monasterii
« aliquod tributum vel oleum pro ipsis olivis dare.
« His ab utraque parte racionibus auditis et intel-
« lectis, *iudicavi consilio sapientium qui ibi ade-*
« *rant, ut pars ipsius monasterii juraret ad s.*
« *Dei Evangelia cum duodecim juratoribus.* Et
« ubi hoc sacramentum faceret ipsas olivas securiter

« et quiete sine aliqua molestacione et aliqua tributi
« requisitione omni tempore haberet et possideret...».
Giura il priore, giurano i suoi dodici *juratores*, e
il giudizio ha subito termine con la condanna del
catapano.

Simili a questo, molti altri esempii potrei addurre,
in cui i *boni homines* locali, che assistono il giudice, la nessuna menzione di libello scritto e la
*proclamatio* orale fatta dall'attore per mezzo di
un *Judex*, la risposta data alla *proclamatio* dal
convenuto per mezzo di un *judicem suum advocatum (judicis) licentia adeptum*, la facoltà del
giudice di interrogare da sè testimoni non presentati
dalle parti, il giudicare che il medesimo fa *consilio
sapientium* e i dodici *juratores*, che giurano insieme con l'attore, sono tutte pratiche e formole,
che trovano il loro esatto riscontro nel processo longobardo dell'Italia settentrionale e media, e dimostrano che il medesimo era precisamente in uso anche
presso di noi.

Frattanto del processo romano non serbavasi che
una memoria tradizionale : la quale pare non fosse
neanche così forte, da far subito attecchire qualche
disposizione fatta in suo favore dai Normanni. Ruggiero, difatti, in una delle sue Assise, prescrisse nei
giudizii il *juramentum calumniae* del diritto romano ; ma, come appresso vedremo, dalle carte di
giudicato si scorge, che esso non fu realmente applicato nella pratica dei giudizii, se non dopo la costituzione di Federico, che ne inculcò di bel nuovo
l'osservanza.

Sicché al grande Svevo spetta intiera la gloria
di avere unificato questa parte importantissima del
diritto; della quale anzi nelle sue costituzioni si oc-
cupò a preferenza delle altre: quasi mostrando di
voler dare tutto il suo appoggio a quella che specialmente ne abbisognava. E come pel rimanente,
così anche in questa, ch'è la parte meno manchevole
del suo codice, egli tenne sempre fisso lo sguardo
alle norme romane, non senza però adattarle al-
l'ambiente nuovo, in cui le medesime doveano cominciare la loro nuova vita. Giacché la sollecitudine
e la semplicità del processo longobardo, alle quali
e giudicanti e giudicati erano omai avvezzi, non
erano al certo criterii da trascurarsi dal novello
legislatore; e Federico, che sopra tutti ebbe la piena
conoscenza degli uomini e dei tempi suoi, mostrò
di farne il conto che si dovea.

Anzitutto, se per riguardo al diritto civile si è
disputato e si disputa tuttora se sieno stati o pur
no mantenuti i diritti personali (1), non parmi che
tale quistione possa farsi per il procedimento. Tanto
più che, essendo questa parte della nuova legislazione a sufficienza completa, non si capirebbe come
avessero potuto coesistere altre leggi, la cui autorità
d'altra parte è spiegabile per il diritto privato, che
ci appare qui in uno stato del tutto frammentario.
Il processo fu da Federico indubbiamente unificato,

---

(1) Savigny, *Stor. del Diritto Rom. nel medio-evo*, v. I, c. 14, § 76;
v. II, c. 40, § 79; De Blasiis, *Pietro della Vigna*, p. 79 e seg.; Del Vecchio, op. cit., p. 22.

essendosi da lui, in maniera espressa, aboliti tutti gli usi giudiziali contrarii alle sue disposizioni. Nella Cost. 17 del lib. II, dopo aver proibito ai Franchi l'uso delle loro pratiche nei giudizii criminali e civili, soggiunge l'imperatore che in questi egli vuole non s'abbia a far distinzione tra le persone, ma tutti, Franchi, Romani e Longobardi, debbano essere egualmente trattati. « Nos..... *in judiciis* « aliquam distinctionem habere non volumus per- « sonarum, sed aequaliter, sive sit Francus, sive « Romanus aut Longobardus, qui agit seu qui con- « venitur, justitiam sibi volumus ministrare ». E nella Cost. 35 dello stesso lib. II, dopo aver abolito il duello giudiziario, nella intenzione di unificare il procedimento, ristabilisce i mezzi di prove del diritto romano, soggiungendo: « Sed si Francus ali- « quis a Franco, vel etiam Longobardo, super alia « quaestione civili, vel etiam criminali extiterit im- « petitus, per probationes testium, vel instrumen- « torum et similium, per quos posset plane probari « veritas, convincatur (1) ». E questa unificazione fu eseguita precisamente sulle norme romano-giustinianee.

Ogni giudizio, vuoi penale, vuoi civile, s'iniziava con la citazione dell'accusato, o del convenuto, fatta

---

(1) Si badi che in questo luogo non nomina i Romani, perchè andava da sè che costoro dovessero avvalersi dei mezzi di prova richiamati per tutti in vigore. — Cf. *Const. Sic.*, I, 31, dove parla in maniera più generale: « Nobis cordi est..., *absque exceptione qualibet personarum*, universis et singulis... justitiam ministrare ».

4

per mezzo del giusdicente. Però, laddove per diritto romano era in potere del magistrato di emetterla in forma perentoria, in modo che, quando ciò non si fosse espressamente detto, sino alla terza volta il citato non si considerava mai come contumace; per la costituzione di Federico invece fu stabilito, che ogni citazione, senz'altro, dovesse essere perentoria, e il citato, che non compariva nel termine in essa designato, dovesse ritenersi per contumace (1). E l'imperatore ci tenne molto a questa sua innovazione, come lo mostrano le *Formulae magnae Imperialis Curiae* (2), in cui, nei singoli casi, si ordina sempre ai magistrati inferiori di citare l'accusato, o il convenuto *peremptorie, iuxta constitutionem imperialem.* La quale regola diventata, come sembra, generale, se da una parte rivela la buona intenzione di porre un termine alle lungherie dei giudizii, dall'altra accusa precisamente quel non so che di assoluto e di poco pratico, che, come innanzi abbiamo detto, si scorge in diversi punti della nuova legislazione.

Per diritto romano la citazione non poteva farsi nella casa di colui, che volea convenirsi in giudizio, s'ei non vi fosse stato, o, pure essendovi, non avesse voluto riceverla; e il trarre uno in giudizio dalla

---

(1) *Const. Sic.*, 1, 97: « Edictorum ordinem, priscis legibus stabilitum, « ad breviorem modum reducare cupientes, citatio fiet una pro omnibus, « quae peremptorium continebit ». — Cf. *Dig.*, V, 1, 68 e 72; *Cod. Just.*, III, 19, 2; e vedi Bethmann-Hollweg, *Civilprozess*, III, 302 e segg.

(2) Sono state pubblicate dal Winkelmann, *Acta imperii ined. saec. XIII*, p. 721 e segg.

propria casa ritenevasi come violazione del domicilio, *quia domus tutissimum cuique refugium atque receptaculum sit*(1). Le costituzioni invece stabiliscono una norma diversa : « Si ubi sit, qui citandus « fuerit, ignoretur, vel inventus haberi ad se aditum « non permittat, sufficere volumus, quod denuntiatio « domi fiat, in qua uxor ejus vel filii, vel alia spe-« cialis familia commoretur, recepto a familiaribus « sacramento, quod citationem factam, quamprimum « poterunt, ad notitiam citati perducant. Si vero « domus non aperietur citare volenti, literas cita-« torias in limine domus poni jubemus, sub testi-« monio supradicto(2) ». Di questo *domum denun-tiare* nel diritto romano non si hanno esempi a proposito della citazione, e quelli arrecati dalla glossa(3) non hanno nessun rapporto con questa materia.

Presentatisi nel giorno stabilito, secondo la legge, nella citazione, l'attore ed il convenuto, quegli non potea proporre oralmente, per mezzo della *procla-matio*, la sua domanda, come, in conformità diritto longobardo, abbiamo già visto, che s'era praticato nel regno sotto i Normanni, e come seguì a praticarsi anche dopo, secondo che sappiamo espressamente da Roffredo Beneventano (4); ma dovea, giusta il dettato

---

(1) *Dig.* II, 4, 18 e 21.

(2) *Const. Sic.*, I, 92.

(3) Il glossatore alla costituz. cit. ravvicina *Dig.*, XXXIX, 2, 4, 6 e XXV, 3, 1.

(4) Offertur libellus per totam Italiam fere, et in curia etiam romana. *Fere* ideo dixi propter Apuliam, quae licet in Italia contineatur (ut ff. de ver. sign. l. notionem § j [ L, 16, 99, 1 ] ), *tamen ibi libellus non*

romano, rinnovato da Federico, presentare il libello scritto, in cui contenevasi una sommaria esposizione della controversia (1). Dopo presentato il libello, il diritto romano accordava all'altra parte uno *spatium deliberandi*, prima di dover dare una risposta, ma dal nuovo legislatore non fu concesso, nell'intento di abbreviare i giudizii (2). Indi il convenuto era obbligato a prestare la *cautio iudicio sisti*, nei modi e con le forme romane, tuttochè la costituzione la chiami una volta col nome longobardo di *wadia*. I possessori d'immobili non sono tenuti a prestare cauzione; se i possessori di beni mobili non possono dar fideiussori, devono obbligarsi con giuramento scritto a continuare il giudizio; chi poi non è ammesso a prestar come che sia cauzione, viene custodito in carcere (3).

---

*offertur, nisi in sola facundissima et nobilissima civitate Beneventana, unde mihi origo est. In aliis autem provinciis libellus non offertur, sicut a sociis provincialibus intellexi.* Sed secundum iura debet semper libellus offerri; sed per consuetudinem contrariam in multis provinciis et civitatibus, ut dictum est, derogatur. DN. ROFREDI BENEVENTANI..... *Tractatus, in quo ordinis judiciarii positiones libellique pertractantur.* Lugduni, ap. haeredes Jac. Juntae, MDLXI; pars prima, rubr. 15; v. anche rubr. 29. — Cf. BETHMANN-HOLLWEG, *Civilpr.*, VI, p. 44. — Nemmeno nelle altre parti d'Italia era usato il libello scritto nella pratica dei giudizii, sebbene si fosse conservato nella scienza. Cf. lo stesso, V, p. 402 e FICKER, *Brachylogus Juris civilis*, p. 34.

(1) *Const. Sic.*, II, 18; v. *Novella* LIII, 3.

(2) *Const. Sic.* cit.; *Novella* cit., 3, 1.

(3) *Const. Sic.*, II, 18, e le *Formulae magne Imp. Curiae*, pr. WINKELMANN, op. cit., N. 960 (10), 972 (22), 982 (32); per la *cautio* romana v. BETHMANN-HOLLWEG, *Civilprozess*, III, p. 250 e note; per la differenza con la *wadia* longobarda cf. lo stesso, V, p. 341 e 405 e seg. Cf. VAL DE LIÈVRE, *Launegild u. Wadia*, Innsbruck, 1877, p. 160 e segg., e vedi anche p. 270 e segg.

Anche alla brevità dei giudizii mirò il legislatore svevo, quando prescrisse, tutte specie di eccezioni dilatorie doversi non solo proporre in principio della lite, in conformità del diritto romano,
fra tre giorni dopo presentato il libello, ma essere
anche necessario che fossero provate in un termine
prescritto, prima della contestazione della lite, il
che in diritto romano non era richiesto che per la
sola declinatoria (1). Però le *exceptiones filiationis,
generis, sive gentis, et quod heres non sit, qui
actionem vel accusationem intendit*, non impe-
divano la contestazione della lite, ma, una volta
proposte, si poteano provare nel corso del giudizio.
E ciò non era ammesso nel diritto giustinianeo (2).
Dippiù l'azione e l'accusa presentate dall'attore non
poteano venir sospese per un'accusa anche più grave
proposta dal convenuto contro l'attore medesimo,
come per diritto romano, ma entrambe doveano
contemporaneamente essere esaminate (3). Come del
pari certe quistioni pregiudiziali sollevate dal convenuto non poteano troncare l'accusa dell'attore, e
bastava che si fosse pronunziato intorno alla quistione principale, per ritener deciso anche l'inci-
dente. Il che era consono al diritto romano; al quale
anche il legislatore espressamente si richiama per le
eccezioni d'incompetenza, per le dilazioni da accordarsi e per l'impugnazione di testimonianze (4).

---

(1) *Const. Sic.*, II, 19; cf. *Cod. Just.*, VIII, 36, 12 e 13, e IV, 19, 19.
(2) *Const. Sic.*, II, 23; cf. *Cod. Just.*, IX, 1, 9, e *Dig.*, XXII, 3, 1.
(3) *Const. Sic.*, II, 21; cf. *Cod. Just.*, IX, 1, 1, e III, 8, 4.
(4) *Const. Sic.*, II, 21; cf. *Cod. Just.*, III, 8, 1.

Spianata la via del procedimento con l'esame delle eccezioni dilatorie, se se ne erano presentate, seguiva la contestazione della lite, prescritta dal diritto giustinianeo. Osserva giustamente il Brünneck, che, mentre ai tempi di Giustiniano la contestazione non costituiva un atto a sè, poichè essa seguiva implicitamente, col proporre che l'attore faceva gli articoli delle sue domande e con il rispondere del convenuto; il diritto canonico invece ne formò qualche cosa d'indipendente, un atto che dovesse seguire in un termine appositamente stabilito, nel quale il convenuto dovesse ammettere o rigettare, in maniera del tutto generica, la dimanda dell'attore: i singoli articoli venivano presentati in un termine successivo. E la maniera, con la quale la contestazione della lite fra le parti, o i loro procuratori, ci è descritta dalla Cost. 18 del lib. II, corrisponde precisamente a questo secondo modo di intenderla [1].

Contestata la lite, l'attore ed il convenuto doveano prestare il *sacramentum de calumnia*. Al pari che negli altri tribunali d'Italia, questo giuramento, prescritto dal diritto giustinianeo [2], anche presso di noi era andato in disuso durante la prevalenza del diritto longobardo; tuttochè neanche da questo fosse sconosciuto un *sacramentum calumniae*, ch'era però diverso dal romano [3]. Ruggiero fu il primo a ri-

---

[1] Cf. *Cod. Just.*, III, 9, e *Novella* LIII, 3, e v. BETHMANN-HOLLWEG, *Civilprozess*, III, p. 251 e segg. — BRÜNNECK, *Siciliens mittelalterliche Stadtrechte*, p. 257, n. 1ª.

[2] *Cod. Just.*, II, 59; *Novella* XLIX, c. 3; cf. BETHMANN-HOLLWEG, *Civilprozess*, III, p. 233.

[3] Per questa differenza vedi BETHMANN-HOLLWEG, *Civilprozess*, V, p. 407 e segg. — Cf. FICKER, *Brachylogus Juris Civilis*, p. 36.

chiamarlo in vigore [1]; ma il Capasso, con l'esame delle carte dei giudicati, dimostra come nella pratica dei giudizii non si trovi adoperato prima del 1247, quando Federico lo rinnovò con l'aggiunta fatta alla costituzione melfiense [2].

Prestato questo giuramento, le parti ricevevano due giorni per presentare le loro ragioni; dopo, a meno che non si fosse trattato di persone privilegiate, non dovevano essere udite. Il che era contrario al diritto romano, per il quale le eccezioni perentorie poteano da tutti sempre farsi valere [3]. Scorsi i due giorni, s'accordava dal giudice alle parti un termine per fornire le prove delle ragioni presentate; termine che dovea essere il più breve possibile, avuto però sempre riguardo alla natura della causa [4].

Le importanti modificazioni, arrecate da Federico ai barbari sistemi di prove allora prevalenti, sono notissime. Egli li volle in massima parte cancellati dalle sue leggi, nè permise che i litiganti, per dimostrare le loro affermazioni, s'avessero a servire di

---

(1) Cf. la mia rassegna sul libro di R. Perla, *Le Assise dei Re di Sicilia*, 1882, Caserta, nell'*Arch. Stor. per le Prov. Nap.*, An. VII.

(2) *Ass. Cass.*, XXXV; *Const. Sic.*, II, 24; nella versione greca di questa cost. manca il luogo riguardante il *sacramentum de calumnia*, che fu una delle addizioni posteriori fatte da Federico al suo Codice. V. Capasso, *Sulla stor. ester.*, p. 44.

(3) Dice la cost. cit.: « Ulterius autem de communi jure nullatenus « audiatur »; mentre gl'imperatori Diocleziano e Massimiano aveano dichiarato: « Peremptorias exceptiones omissas in initio, antequam sen- « tentia feratur, opponi posse, perpetuum edictum manifeste declarat ». *Cod. Just.*, VII, 50, 2.

(4) *Const. Sic.*, II, 24: « Terminum ad probandum... in causis omnibus « breviari jubemus ».

altri mezzi, che non fossero testimoni, istrumenti e simili, *per quos posset plane probari veritas*[1]. Rinnovò anzitutto una prescrizione del Codice Giustinianeo, senza tener conto che il medesimo imperatore l'avea poscia abolita con una novella, ordinando che nessuna delle parti fosse ammessa a provare qualche sua affermazione, che sembrasse al giudice frivola o maligna, se prima non avesse giurato di far ciò senza inganno e non già nell'intento di protrarre il giudizio[2]. E se bene non trovino riscontro nel diritto romano le norme dettate dal legislatore svevo intorno alla presunta fede dei testimoni ed al numero di persone di una data classe, necessario per poter far fede contro quelle di un'altra classe[3], norme, che s'inspirano alle particolari condizioni sociali del medio-evo[4]; pure vi ha nel codice svevo talune disposizioni, che sono riprodotte da altrettali leggi romane. Così il permesso conceduto all'accusato di presentare anche *ante litem conte-*

---

(1) *Const. Sic.*, II, 32. — Non voglio mancar di ricordare come l'espressione *leges paribiles* delle costituz. sic. (II, 31 e 32) corrisponda a quella di *leges apparentes* del diritto normanno. — Cf. Brunner, *Entstehung der Schwurgerichte*, p. 177 e seg.

(2) *Const. Sic.*, II, 25; cf. *Cod. Just.*, II, 59, 1. Dopo Giustiniano medesimo abolì i giuramenti speciali, dicendo bastare il solo *sacramentum de calumnia*, prestato in principio da entrambe le parti. V. *Novella* XLIX, c. 3.

(3) *Const. Sic.*, II, 32.

(4) Le disposizioni intorno agli strumenti sono dettate del pari dalle particolari condizioni del tempo. V. *Const. Sic.*, II, 27, 28; I, 80. — In quanto ai testimoni si può osservare come il legislatore anche là, dove non potea seguire i precetti romani, li tenesse sempre presenti. Si veggano *Const. Sic.*, I, 82 e *Cod. Just.*, IV, 2, 17; e *Novella* LXXIII, capitoli 5, 8 e 9.

*statam* i testimoni vecchi, di cui temevasi la morte,
o quelli, ch'erano in procinto d'intraprendere lunghi
viaggi, e di esigere dal giudice che li avesse esaminati, ancorchè l'accusatore non fosse stato presente,
e le regole prescritte intorno alla delegazione del-
l'esame dei testimoni, che, per essere vecchi od in-
fermi, non poteano presentarsi alla Curia, anche in
cause criminali, ci ricordano precisamente quello che
Giustiniano stabiliva al riguardo [1].

Esaurito l'esame delle prove, si veniva alla sentenza. Per diritto longobardo la si pronunziava ver-
balmente e poscia, a richiesta della parte interes-
sata e per ordine del magistrato, veniva redatta in
iscritto dagli scrivani del tribunale, che compilavano
una *brevis notitia* [2], narrando sommariamente
tutto il processo. Federico invece ordinò che tutt'i
giudici indistintamente dovessero dare scritte le loro
sentenze e rinnovò il principio romano, che le sentenze pronunziate oralmente non meritavano neanche
di portare un tal nome: « quae dicta fuerit, quum
scripta non esset, nec nomen quidem sententiae habere mereatur [3] ».

Le spese, da pagarsi al vincitore dal vinto, doveano fissarsi o con prove da quello fornite, o con

----

(1) *Const. Sic.*, II, 35 e 30; cf. *Cod. Just.*, IV, 21, 18, e *Novella* XC,
c. 9. Però il c. 5 di questa medesima novella stabilisce che si debbano,
« in criminalibus, in quibus de magnis est periculum, omnibus modis
« apud judices praesentari testes ».

(2) V. Bethmann-Hollweg, *Civilprozess*, IV, p. 390 e seg., per il diritto longobardo puro; per il diritto franco-longobardo, v. lo stesso, *ibid.*,
V, p. 383.

(3) *Const. Sic.*, I, 77; *Cod. Just.*, VII, 44, 3.

giuramento del medesimo. Però, nel secondo caso, la quantità poteva essere ridotta dal giudice[1].

Per riguardo all'esecuzione, non troviamo nelle leggi normanne e sveve alcuna norma. Solo Federico proibì di pignorare *boves aratorios*, destinati in servizio dell'agricoltura , in conformità di una costituzione di Costantino[2].

Vediamo ora della contumacia. — Chi non si presentava in giudizio, nel giorno fissatogli dalla citazione, cadeva in contumacia e subiva tutti gli effetti della medesima.

In quistioni civili erano distinte le azioni personali dalle reali.

Trattandosi di azione personale, chi si rendeva contumace *ante litem contestatam*, in conformità del diritto romano, dovea soffrire che l'avversario fosse immesso nel possesso di parte dei suoi beni, corrispondente al debito dichiarato[3]. Se la contumacia avveniva dopo contestata la lite, allora era il caso di fare una distinzione. Se al punto, fin dove erasi svolta, la quistione s'era resa chiara, allora il giudice, senz'altro, dovea profferire la sentenza, rimanendo tolto al contumace il benefizio dell'ap-

---

(1) *Const. Sic.*, II, 46 : « In victoris judicio ponimus utrum expensarum « ipsarum quantitatem , nulla taxatione judicis munienda probationibus « dilucidare voluerit, vel proprio sacramento firmare , proinde judicialis « taxationis arbitrio moderandas ». V. *Cod. Just.*, VII, 51, e III, 1, 15 ; *Inst. Just.*, IV, 16, 1. — Cf. BETHMANN-HOLLWEG, *Civilprozess*, III, p. 232.

(2) V. *Cod. Just.*, VIII, 17, 7 e 8, e *Nova Const. Friderici Imp.* pr. il BRÉHOLLES, *H. D.*, IV, p. 237 e seg., § XVI.

(3) *Const. Sic.*, I, 92, 2 = *Cod. Just.*, VII, 72, 9 ; cf. *Cod. Just.*, III, 1, 13, e v. BETHMANN-HOLLWEG, *Civilprozess*, V, p. 427 e seg.

pello (1), in conformità anche del diritto romano. Se
poi la causa non si fosse trovata in istato di poter
essere definitivamente decisa, allora l'attore, come
sopra si è detto, era immesso nel possesso di tanta
parte di beni del contumace, quanta corrispondesse al
valore del suo credito, e, trascorso un anno, poteva
ottenere dal giudice la vendita dei beni medesimi.
La quale poteva egli ottenere anche prima che fosse
trascorso l'anno, purchè fosse riuscito a dimostrare
al giudice, che l'avversario s'era reso latitante per
cansare il giudizio; o vero fosse costato al giudice
medesimo, che il contumace erasi apertamente ri-
fiutato a comparire innanzi a lui. In diritto romano
il procedimento in tal caso era lo stesso, solo i ter-
mini assegnati a queste diverse operazioni erano più
lunghi (2).

Se si trattava di azioni reali, allora, se il convenuto rendevasi contumace *ante litem contesta-*
*tam*, l'attore, immesso nel possesso della cosa di-
mandata, dopo un anno, ne diventava *verus et*
*perpetuus possessor*. Se la lite s'era già contestata e il convenuto non si presentava, in tal caso
si faceva la stessa distinzione, che abbiamo visto
nelle azioni personali. Quando la quistione si fosse
già sufficientemente chiarita, si dava all'attore il
possesso della cosa; quando poi vi fosse tuttavia bi-

---

(1) *Const. Sic.*, I, 100 = *Cod. Just.*, III, 1, 13, 3 e 4.
(2) *Const. Sic.*, I, 100; cf. *Cod. Just.*, III, 1, 13, 3 e 4, e *Novella* LIII,
c. 4, e v. BETHMANN-HOLLWEG, *Civilprozess*, III, p. 307 e seg.

sogno di ulteriore esame, si dovea tenere la stessa norma, che nelle azioni personali [1].

Una volta contestata la lite, se attore e convenuto si fossero insieme accordati, senza permesso della Curia giudicante, di prolungare il termine perentorio dalla medesima ad essi concesso, entrambi erano condannati in *decima parte motae litis* [2]. La quale disposizione pare contraria al diritto romano, che concedeva facoltà alle parti di accordarsi come meglio fosse loro piaciuto. Però, nota giustamente il glossatore, essa ha il suo riscontro in un antico instituto, di cui si serba memoria nelle Istituzioni giustinianee. E Federico volle rinnovarlo, perchè gli parve corrispondesse al suo concetto, che fu di rendere i giudizii il meno possibile dipendenti dal volere delle parti [3]. Al quale scopo mirò eziandio la multa, imposta, contro le prescrizioni romane, al convenuto, il quale, in causa civile, dopo contestata la lite, si fosse transatto coll'attore, senza licenza del magistrato [4].

In caso di contumacia da parte di una Università, se questa aveva beni, si applicavano le stesse norme, che abbiamo visto per gl'individui, in con-

---

(1) *Const. Sic.*, I, 102 = *Cod. Just.*, VII, 39, 8, 3; VII, 43, 9; III, 19, 2, *Nov.* CXII, c. 3. — Cf. Bethmann-Hollweg, V, p. 428 e segg., e 388 e seg., dove si parla di un procedimento analogo del diritto franco-longobardo, preso dal diritto romano.

(2) *Const. Sic.*, I, 104.

(3) *Inst. Just.*, IV, 16, 1; cf. *Novella* CXII, c. 2, e vedi Bethmann-Hollweg, III, 282.

(4) *Const. Sic.*, I, 105.

formità delle disposizioni romane [1]. Se poi non aveva beni, non essendovi nessuna legge speciale al riguardo, c'era quistione fra gl'interpetri del diritto sul modo da tenersi. E Federico, assumendo anche in questo caso il còmpito, che già altre volte s'ha attribuito verso le dottrine del tempo suo, a cessare la quistione, dichiarò che doveasi fare una colletta tra i focolari della Università, tanto se si fosse trattato di cause civili, quanto se di cause criminali [2].

Pronunziata la sentenza definitiva, il giudice esigeva le *sportulae*, ch'erano così stabilite. Il trentesimo della somma, o del valore della cosa, oggetto della contestazione, nei giudizii petitorii; il sessantesimo nei possessorii; ed il ventesimo della somma dovuta dall'offensore all'offeso nell'azione per ingiurie. Da prima esse furono dovute dal vinto; poscia si dovè prestare cauzione per esse, subito dopo presentato il libello, e, se le parti riuscivano a comporsi, doveano pagarle metà per ciascuna [3].

I giudizii penali, se per regola furono mantenuti pubblici, orali, ed accusatorii, furono però circondati da quelle cautele, che il diritto romano avea stabilito a garantia di accusatori e di accusati, e che, durante la prevalenza del diritto germanico, e specialmente del longobardo fra noi, erano andate

---

(1) *Dig.*, III, 4, 1, 2.
(2) *Const. Sic.*, I, 107, e la glossa alla medesima.
(3) *Const. Sic.*, I, 72, 73; cf. *Novel.* LXXXII, c. 9. — Quelle richieste dal diritto giustinianeo erano diverse. V. Bethmann-Hollweg, III, 200 e seg.

in desuetudine. Quindi nessuno poteva essere ammesso, secondo le nuove leggi, ad accusare un altro, se prima, con la *inscriptio*, non si fosse obbligato a sostenere, facendo difetto nelle pruove dell'accusa, la pena stessa, che, dimostratasi vera l'accusa medesima, sarebbe spettata all'accusato. Al quale proposito Federico così si esprime : « Praesenti lege « sancimus, ut nec Magister Justitiorius Curiae « nostrae, nec alii Justitiarii regionum accusatores « aut criminum delatores aliter ad judiciorum suorum « ingressum admittant, nisi prius vinculum inscri- « ptionis accipiant, prout veteribus legibus est in- « ductum, ut desistentiae poenam atque calumniae « in calumniantes et desistentes costanter obser- « vent (1) ». Fatto da tal disposizione un obbligo espresso agli accusatori di *arripere vinculum inscriptionis*, i giudizii penali ordinarii vennero ridotti ad una contesa fra le due parti, ch'era in generale regolata dalle stesse norme del procedimento civile, già esposte e conformi in massima alle romane. Le poche disposizioni, che intorno ad essi si trovano nel codice svevo, riguardano punti, sui quali la dottrina degli interpetri e la giurisprudenza del tempo

---

(1) *Const. Sic.*, I, 54, 2 ; cf. II, 14 : « Poenam calumniae contra ca- « lumniantibus antiquis sanctionibus stabilitam, et de consuetudine quadam « abolitam, innovantes, omnibus judicibus injungimus ut ad accusandum « accusatores non admittant, nisi primitus vinculum inscriptionis arri- « piant accusatores, quo se obligent ad poenam, quam exposcunt accusatis « infligi ». — Pel diritto romano vedi *Cod. Just.*, IX, 1, 3, e IX, 2, 16 e 17; *Dig.* XLIX, 14, 15; *Dig.* XLVIII, 2, 3, 4, e Cicerone, *pro Cluent.*, 31, 86. — Cf. GEIB, *Geschichte des römischen Criminalprozess bis zum Tode Justinians*, Leipzig, 1842.

non erano di accordo, e in cui il legislatore crede
necessario il suo intervento per dirimere la quistione
e dettare una norma sicura alla pratica quotidiana.
Per diritto romano l'accusato dovea personalmente
intervenire nei pubblici giudizii; nè si ammetteva
rappresentanza (1). Federico invece volle che, ac-
quietato per sempre il rigore del diritto civile, le
donne, o accusate o accusatrici, potessero nominare
procuratore il marito o altra persona di loro fiducia,
ed anche le Università (2) potessero ciò fare, intorno
alle quali molto si era disputato dai giurisperiti, per
assodare se fosse valida la nomina da esse fatta di
un rappresentante in affari criminali.

Se nei giudizii civili abbiamo visto contro il diritto
romano minacciata una multa al convenuto che,
dopo la contestazione della lite, si fosse, senza licenza del magistrato, transatto con l'attore; nei
giudizii penali invece furono, per riguardo alle transazioni fra le parti, mantenute in vigore le norme
antiche, le quali proibivano simili transazioni, dopo
contestata la lite, senza l'autorità del magistrato (3).

In quanto alla contumacia in cause penali, laddove per diritto romano l'accusato di un delitto
capitale, resosi contumace, aveva annotati i beni

---

(1) *Dig.*, XLVIII, 1, 13, 1; XLIX, 9, 1.
(2) *Const. Sic.*, II, 2: « ...Juris civilis rigore in perpetuum quiescente,
« quod in publicis judiciis procuratorem frustra intervenire debere prae-
« scripserat ». Di questa innovazione nulla sa Roffredo Beneventano.
L., c., rubr. 10.
(3) *Const. Sic.*, I, 105, e la glossa alla medesima; cf. *Dig.*, XLVIII,
16, 1, 8.

e, durando in contumacia per un anno, avesse o
pur no figli, perdeva i beni medesimi, senza però
perdere il diritto alla difesa (1); pel diritto delle
costituzioni nostre invece egli perdeva, subito dopo
verificatasi la contumacia, il terzo dei mobili, aveva
annotati gli altri beni, giusta il diritto romano e,
passato un anno, li perdeva in favore del Fisco ;
solo però quando non avesse avuto figli. E questo,
certamente, fu un miglioramento del diritto antico, riconosciuto anche dal glossatore. Però, trascorso l'anno, perdeva ogni diritto a difendersi ed
era perseguitato barbaramente, con tutt'i rigori
sanciti contro i fuorbanditi, o fuorgiudicati: rigori
che costituiscono una macchia della sapiente legislazione di Federico, tuttochè egli abbia cercato di giu-
stificarli come utili e necessarii per la crescente
nequizia dei misfatti (2). — D'altra parte gli accusatori, che non si presentavano nel giorno stabilito
a sostenere l'accusa, erano tenuti al sesto dei mobili verso il fisco ed a rifare le spese all'avversario.
Non volendo continuare nell'accusa, poteano diman-
darne l'abolizione, come per diritto romano (3).

---

(1) Cf. *Dig.*, XLVII, 17, 1 e 4, 2; *Cod. Just.*, IX, 2, 6; e IX, 40.

(2) *Const. Sic.*, II, 1 : « Grandis utilitas et necessitas evidens non in-
« ducunt ut accusationum ordinem priscis legibus institutum, maleficiorum
« excrescente nequitia, in ea parte potissimum corrigamus, qua malefac-
« tores interdum contemptus et contumaciae vitium, vel poenam patratis
« sceleribus aggregantes, sine temporis praefinitione vagari... permitte-
« bant, defensionem eisdem, nullo temporis spatio praecludentes... ». Si
veggano anche le costituzioni seguenti. — Per la storia di questa dottrina cf. FICKER, *Forschungen*, I, 29 e seg.

(3) *Const. Sic.*, II, 12; *Dig.* XLVIII, 16, I, 8.

Per il rimanente, come abbiamo detto, il procedimento penale era assimilato al civile, solo però il procedimento ordinario, od accusatorio; chè, in quanto allo straordinario, o inquisitorio, che la nostra fu delle prime fra le legislazioni laiche ad introdurre, per esso erano stabilite regole speciali che ora esporremo.

A proposito del medesimo, s'è fatto un gran quistionare, prima se sia stato noto al diritto romano degli ultimi tempi in secondo luogo se le Decretali pontificie, o le leggi fridericiane siano state le prime a riprodurlo, sviluppandolo, o a crearlo addirittura, e in ultimo se le Costituzioni nostre l'abbiano tolto al diritto romano, o al diritto delle Decretali. Come vedesi, sono tutte quistioni l'una dipendente dall'altra e dipendenti tutte da due circostanze; la prima, se e fino a qual punto il processo inquisitorio fu noto al diritto romano, e la seconda riguardante il tempo, in cui vennero pubblicate le disposizioni papali e quelle dello Svevo. — Esporremo anzitutto il contenuto delle ultime e dall'esame degli elementi, onde in esse risulterà composto il processo inquisitorio, potremo risalire a toccar brevemente le altre quistioni, che solo in maniera indiretta ci riguardano.

Delle leggi normanne nessuna accenna al processo inquisitorio, e noi d'altronde sappiamo che sino a Federico fu esclusivamente in vigore il processo accusatorio del diritto longobardo [1]. Sicchè non c'è

---

[1] Cf. M. PAGANO, *Considerazioni sul processo criminale*, cap. 11.

da far quistione, che fu lo Svevo colui che primo l'introdusse nelle nostre leggi, occupandosene in diversi luoghi della sua legislazione [1].

In essi vien distinta l'inquisizione generale dalla speciale; la prima diretta a scovrire tutti i reati commessi in una provincia, o in una regione, e la seconda ordinata all'accertamento di un singolo misfatto, di cui per qualsiasi prova, od indizio, fossero indicati come autori una o più persone. La prima i giustizieri avevano il dovere di farla, sempre che lo credevano necessario, nei confini della loro provincia; la seconda non poteva farsi senza il comando o il permesso dell'imperatore, tranne se si fosse trattato di reati di lesa maestà umana e divina, nei quali il giusdicente procedeva *ex officio*, senza permesso di sorta.

I giustizieri dunque, sempre che lo credevano espediente, non doveano tralasciar di fare « inquisitiones « generales per provincias..... de malefactoribus et « hominibus malae conversationis et vitae ». Ciò facevano col bandire, che coloro *qui presentes coram eis fuerint, vel ad quorum notitiam edictum de inquisitione generaliter facienda pervenerit*, fossero facoltati a presentare querela e fare deposizione di tutt' i reati, che fossero a loro conoscenza. Chi

---

(1) Vedi *Const. Sic.*, I, 52 *Justitiarii non per calendas*, 53 *Inquisitiones generales*, 53, 2 *Hi qui per inquisitionem*, 54 *Item dira et dura observatio*, ed una delle *Formulae magnae Imp. Curiae*, edite dal WINKELMANN, op. cit., N. 960 (10). Ne toccano incidentalmente le cost., I, 28 *Si damna clandestina*, I, 1 *Inconsutilem tunicam*, e I, 40 *Hac lege in perpetuum valitura*.

durante il periodo fissato per l'inquisizione non si presentava, non poteva essere udito davvantaggio, *nisi justam et probabilem timoris vel ignorantiae causam ostenderit, propter quam edicti tempore conqueri vel inquisitionem deponere minimé potuisset.* Nè doveano i giustizieri soltanto contentarsi di aspettare, che si fossero spontaneamente presentati gli accusatori e i denunzianti, ma per ufficio proprio avevano il dovere, affrontando anche le spese necessarie, di ricercare *famosos latrones et fures...*, *publicorum itinerum aggressores, seu quoslibet recentes et publicos homicidas, per nemora forsitan fugitivos vel aliter latitantes,* e di condannarli, *nullis dilationibus, seu accusationum solemnitatibus expectatis.* — Però non contro tutti quelli che risultavano colpevoli vuoi da denunzie, vuoi da prove raccolte d'uffizio dal magistrato, si procedeva egualmente con lo stesso rigore; ma il procedimento era più o meno rigoroso, a seconda la qualità del delitto. Coloro che da dieci o più testimoni rimangono convinti, *quod rixatores et frequentes delatores armorum,... quod lusores publici taxillorum, aut tabernarum frequentatores, quod ultra facultatem suorum proventuum non ex mercationibus, aut artificiis largiorem, quam debeant, vitam ducant,* vengono condannati *ad opus publicum,* a tempo o a vita, secondo richiede la *qualitas delicti.* Coloro poi che risultano colpevoli di un delitto tale, *ex quo personam amittere debeant, vel membrorum mutilationem incurrere, aut per-*

*petuo carcere macerari*, hanno copia dell'inquisizione contro di loro raccolta soltanto nel caso, che
non si sia dimostrato essere i medesimi *levis vitae
et malae conversationis*. Ma quegli, al contrario,
che nella medesima inquisizione da dieci testimoni
non sospetti veniva dichiarato *levis conversationis
et vitae, aut quod propter manifestam fugam ex
maleficio fuerit forbannitus*, non poteva aver conoscenza se non dei nomi in generale, senza poter
sapere quelli, che particolarmente aveano deposto
contro di lui, nè il contenuto delle deposizioni loro.
Ciò costituiva l'apice del sistema inquisitorio, perchè
si procedeva alla condanna dell'accusato, togliendogli
i mezzi di difesa.

Se queste inquisizioni generali, come abbiamo detto,
i giustizieri aveano il dovere di farle d'ufficio ; le
speciali, dirette contro singole persone, erano vie-
tate, *praeterquam*, dice l'imperatore, *in crimine
laesae maiestatis contra personam nostram vel
nostrorum collateralium perpetrato, vel nisi speciale conscientiae nostrae mandatum super inquisitione facienda habeatur*. Il procedimento, che
serbavasi in quest'ultimo caso, accennato abbastanza
confusamente dalla costituzione, che stiamo esami-
nando, ci è descritto da una delle *Formulae magnae Imp. Curiae*. In questa il gran giustiziere,
a richiesta della parte danneggiata, ordina ad un
giustiziere provinciale di fare una *inquisitionem
per homines ipsius loci diligentissimam, et si
comparuerit malefactor vel aliqua levis persona
ex ipso maleficio notabilis vel suspecta*, comanda

di spedirla a lui *in defectu fideiussorum sub fida custodia*, e di fargli conoscere *fideliter sub sigillo verba ipsius inquisitionis* e tutto quello che avesse operato (1).

Nelle inquisizioni speciali bisognava si rendesse noto all'accusato il nome del delatore e si osservassero tutte le solennità richieste negli altri giudizii, tranne se si fosse trattato di lesa maestà, e che una giusta ragione di timore avesse potuto impedire al denunziante *in publicum prodire*. In quest'ultimo caso però il magistrato inquirente aveva il dovere di far sì che l'ignoranza della persona del delatore e dei testimoni non fosse tornata di nocumento all'accusato : altrimenti l'inquisizione sarebbe stata nulla.

Una specie molto importante di inquisizione, anzi quella, per cui il sistema inquisitorio prese sì largo sviluppo nella vita giuridica, era l'*inquisitio haereticae pravitatis*. Introdotta primieramente dalla Curia Romana, fu accolta anche da Federico nel suo codice. Ei comandò ai suoi ufficiali di ricercare i Paterini, *nemine etiam deferente*.

---

(1) *Const. Sic.*, I, 53, *nova const.*; *Formulae mag. Imp. Cur.*, N. 960 (10). Da questa parrebbe, che, nelle inquisizioni speciali, altro non fosse il còmpito dei giustizieri che di raccogliere le prove e di trasmetterle al gran giustiziere, che assolveva il giudizio. — Da un'altra cost. poi (I, 28) sappiamo incidentalmente come le inquisizioni speciali fossero accompagnate dai tormenti. « Quod si ex inquisitione ipsa leves personae aliquae « de homicidio ipso notentur, licet per eam contra ipsas non probetur ad « plenum, ad tormenta ipsarum personarum laevium et vilium postremo « decernimus descendendum ».

Or i più hanno sostenuto che Federico prese tutte queste determinazioni del processo inquisitorio dal diritto canonico (1), appoggiati alla comune opinione che questo sia stato il primo ad introdurre una tal maniera di procedere nei giudizii, ignota affatto, secondo i medesimi, al diritto romano, che non ne conobbe altra all'infuori dell'accusatoria (2). Lo Sclopis invece, appoggiandosi al Pagano, pare inclini ad attribuire al diritto romano la paternità delle norme sancite da Federico (3): ma ei ciò fa soprattutto con la pia intenzione di scolpare i pontefici dall'essere stati i primi a introdurre tale pericolosa innovazione. Dice infatti che le Decretali pontificie, le quali stabilirono un tale procedimento (4), videro la luce dopo le leggi di Federico II; il che non è vero, perchè esse sono di Innocenzo III, il quale pontificò dal 1198 al 1216, e, quando anche non le si voglian ritener note, se non dopo che furono da papa Gregorio pubblicate nella sua raccolta, pure esse dovettero precedere di parecchi anni le leggi fridericiane, le quali non furono già date insieme con le altre nell'Assemblea di Melfi, come dovè credere lo Sclopis, ma furono una delle aggiunte posteriori fatte

---

(1) PESSINA, *Elementi di diritto penale*, I, 47.
(2) Cf. J. H. BÖHMERI *Jus ecclesiasticum*, ecc. *Halae Magdeburgicae*, 1754, lib. V, tit. 1, § 81 e segg.; e CHRIST. THOMASII *Dissertatio de origine processus inquisitorii*, nelle *Dissert. Accadem.*, Halae Magdeburgicae, 1777, vol. III, *Dissert.* LXXXVIII.
(3) F. SCLOPIS, *Stor. della legis. ital.*, vol. I, p. 234 e seg.
(4) *Decretal. Greg.*, lib. V, tit. 1, capp. 17, 21, 24, e tit. 3, capitoli 31 e 32.

da Federico al suo codice, le quali non sono comprese nella versione greca del medesimo [1].

Ma nel dire ciò l'illustre storico della legislazione italiana veniva ad ammettere, contro l'opinione già predominante, che nel diritto romano fosse conosciuto il processo inquisitorio. Oggi questa opinione è in generale la prevalente, e noi mostreremo come fosse eziandio quella dei giuristi contemporanei di Federico, disconosciuta poscia da' comentatori successivi, i quali, per l'invasione di Brevi e Decretali pontificie, succeduta nel regno sotto gli Angioini, non seppero veder altro all'infuori del diritto canonico, rompendo così il filo della tradizione romana.

Che il processo accusatorio sia l'unico riconosciuto dalle fonti romane, nessuno ha mai pensato di mettere in dubbio; ma che, negli ultimi tempi dell'impero, gli elementi inquisitorii avessero guadagnato uno sviluppo tale, da prendere il sopravvento sulle forme antiche, è un fatto incontestabilmente provato dagli studii più recenti. Sicchè chi si fa a considerare i fatti più che le parole e le formole, non può fare a meno di non riconoscere come giusta la conclusione a cui arriva il Geib, parlando dell'ultimo periodo del processo penale romano [2].

« Riassumendo il fin qui detto, si può scorgere come ora la nozione del processo inquisitorio si pre-

---

(1) Cf. CAPASSO, *Sulla stor. est.*, p. 29 e seg. — Nella versione greca, edita dal Carcani, mancano nel 1º lib. le cost. 51-58, le quali il Capasso ritiene pubblicate dopo il 1240.

(2) G. GEIB, op. cit., p. 507 e segg., e p. 630 e seg.

senti sotto una triplice gradazione. Troviamo nel
primo gradino quella forma di procedimento, in cui
compariva ancora un vero accusatore; però il carattere complessivo del procedimento medesimo, in
confronto dell'antecedente, s'era cangiato, e, più
nell'interna sostanza, che nella forma esteriore,
aveva assunto una tinta inquisitoria. Questa specie
di procedimento costituiva la regola ordinaria. Nel
secondo gradino era quella forma, nella quale non
si richiedeva un accusatore propriamente detto, ma
soltanto una denuncia, sia da parte di pubblici ufficiali, sia da parte di semplici persone private, e in
cui veniva lasciato al tribunale medesimo l'incarico
di mettere a profitto quella denunzia. Questa seconda
maniera di procedere acquistò speciale importanza
negli ultimi tempi dell'impero. — Costituiva infine
il terzo e più alto gradino il procedere che i tribunali
facevano d'uffizio, senza aspettare nè un'accusa, nè
una denuncia. Quest'ultima forma avea sempre luogo
solo sussidiariamente. — Però anche quest'ultima
forma, nella quale l'idea del processo inquisitorio
apertamente si manifestava, non si deve disconoscere
come essa ancor fosse molto lontana dal procedimento
inquisitorio puro, quale, cioè, viene riconosciuto nel
nostro diritto odierno ; piuttosto allo stesso modo,
onde anche quella specie di processo, nel quale tuttavia si presupponeva un'accusa espressa, portava in
sè un colorito inquisitorio, del pari anche lo sviluppo
più alto del processo inquisitorio era di continuo pene-
trato da elementi accusatorii. E per quanto si voglia
stimare l'influenza adesso sempre crescente del pro-

cesso inquisitorio, non bisogna però dimenticare, come anche nel presente periodo rimanesse tuttora sconosciuto un processo inquisitorio puro, allo stesso modo come non è dato d'altra banda di imbattersi contemporaneamente in un processo accusatorio non turbato da altri elementi ». E più giù lo stesso autore si riassume novellamente così: « Accanto alla maniera ordinaria di procedere troviamo tuttavia, come sopra notammo, due altre maniere, in cui l'idea del processo inquisitorio è divenuta la predominante, e le tracce dell'accusatorio, sebbene non cancellate del tutto, pure non sono più riconoscibili, che solo in alcuni deboli tratti e sfumature... Alla stessa guisa in cui c'incontriamo in questo processo inquisitorio nel diritto canonico, sembra che anche qui i legislatori si sieno contentati di indicare soltanto i principii fondamentali più generici, lasciandone lo svolgimento completo esclusivamente ai tribunali. Il che sopra tutto si fa palese per riguardo a quel procedimento, ch'io già indicai come il più alto grado, a cui in generale fosse stato elevato il processo inquisitorio, ossia, precisamente in rapporto al procedimento, con cui gli ufficiali erano istruiti di non aspettare nè l'apparenza esterna di un'accusa, nè una semplice denunzia, ma di procedere da per tutto subito *ex officio;* in rapporto di tal procedimento adunque non troviamo, se togli una tale istruzione generica, nessun'altra determinazione, dalla quale fossero più precisamente fissate la maniera e l'estensione dell'attività loro; e per conseguenza, sotto questo rapporto, non dobbiamo certo neanche pensare ad una regolarità ed uniformità propriamente dette, ma, poichè nulla precisamente era vietato, gli ufficiali dovettero credere di potersi ben permettere presso che ogni cosa, e nella pratica indubbiamente molto spesso se lo permisero [1]... Troviamo al contrario meglio determinato l'altro modo di procedimento, in cui si operava sulla base di una precedente denunzia, specie di una denunzia fatta da pubblici uffiziali ». Indi il Geib passa a descrivere il cammino, che si teneva in questo procedimento, in cui le denunzie erano fatte da ufficiali di ciò precisamente incaricati e detti *irenarchae, curiosi, stationarii* [2].

Sicchè, fermato sino a qual punto il processo inquisitorio fosse noto al diritto romano, non parmi possa esservi dubbio che Federico, il quale tante altre cose prese da quello, non l'abbia avuto presente anche nelle disposizioni su esposte. Quelle infatti, che il Geib descrive come le due forme assunte dal processo inquisitorio, fondate l'una sulla denunzia e l'altra sulla *persecutio ex officio*, sono entrambe riprodotte, come abbiamo visto, nel Codice Svevo, la prima nella facoltà a tutti concessa di presentarsi a denunziare i delitti, che fossero a loro conoscenza, nelle inquisizioni generali praticate da' Giustizieri, e la seconda nel dovere imposto a costoro di ricercare, *si deferentes vel accusantes defuerint*, i più famosi ladri ed assassini.

---

(1) WALTER, *Rechtsgeschichte*, 888.
(2) Cf. al proposito ANT. MATTHAEI *Comment. ad lib. XLVII et XLVIII, Dig.*, tit. XX, cap. 1.

Bisogna però confessare, che in questo luogo Federico non prese dal diritto romano, se non il concetto generale dell'istituto; poichè le particolari determinazioni del medesimo pare sieno dovute a lui solo, non trovandosi neanche nella legislazione pontificia. Ma che avesse egli tenuto presente l'esempio romano imperiale, oltre a qualche accenno di una sua costituzione (1), m'induce a crederlo anche un altro indizio. Il maggior giurista nostro di quel tempo, Roffredo Beneventano, il quale morì nel regno precisamente intorno all'anno, in cui Federico pubblicava quest'addizione al Codice melfiense (2), cercando, com'egli fa, nella settima parte della seconda metà dell'opera sua *De libellis formandis et ordine judiciario*, di spiegare mediante il diritto romano il processo inquisitorio, ci dimostra come allora si ricorresse dai giuristi appunto al diritto romano per giustificare l'inquisizione (3). Ed io credo abbia la

---

(1) Nella cost. *Hi qui per inquisitionem* è detto: « In praedictis etiam « casibus, et omnibus aliis, in quibus inquisitio facienda est, secundum « jura communia, vel nostri nominis sanctiones exprimendum est dela-« toris nomen et omnes solemnitates servandae sunt, quae veteribus le-« gibus continentur ». I *jura communia* e le *veteres leges* non è chi non vegga come si riferiscono al diritto romano.

(2) BETHMANN-HOLLWEG, *Civilprozess*, VI, 41 e segg.

(3) ROFFREDO BENEVENTANO, *Libell. sup. iur. Pontif.*, pars VII, rubr. 41, *qualiter fit inquisitio*. « Sciendum est in primis, quod inquisitio « fit in criminibus tam de iure civili, quam de iure canonico. Verum-« tamen de iure civili non habetur ita distinctum, sicut de iure cano-« nico... unde inseramus casus, in quibus iure civili fit inquisitio..... « Frustra ergo insultant dicentes docentes in iure can., quod de ipsorum « iure inquisitio sit iuventa: verum fateor quod modus et forma, et qua-« liter et quando procedatur in inquisitione ista sunt iuventa in iure « canonico, et evidentius quam in iure civili ». Non mi è riuscito di avere

teoria di Roffredo influito, nella nostra legislazione, sullo sviluppo dato ad un procedimento favorito dai Pontefici; come in generale qualche scrittore moderno afferma ch'egli, con la sua spiegazione del processo inquisitorio, ne favorì l'introduzione nei tribunali civili [1], specie per essere stata quella parte dell'opera sua largamente sfruttata da Guglielmo Durante nel suo *Speculum judiciale* [2].

Dalle sentenze pronunziate in questi giudizii non vi era appello. In tutti gli altri si poteva appellare o al sovrano, fra lo spazio di cinquanta giorni, o da un giudice od un altro superiore, fra un termine, ch'era fissato dal giudice, che avea emessa la sentenza, il quale però non poteva accordare mai più di cinquanta giorni. Per diritto romano non v'era tempo stabilito, ma si fissava sempre dal giudice da cui si appellava [3]. Per le prove da presentarsi in grado di appello, quistionavasi allora molto fra i giurisperiti, se si potessero presentare testi-

---

qui il libro del Biener: *Beiträge zur Geschichte des Inquisitionsprozess und der Geschwornen-Gerichte*, Leipzig, 1827, nel quale si tratta, come so d'altronde, di questo importante luogo di Roffredo. Ho tolto la notizia dal Bethmann-Hollweg, *Civilprozess*, VI, 47 e seg., e 201.

(1) Il Bethmann-Hollweg ed il Biener citati.

(2) *Speculum juris* G. Durandi, *Episcopi Mimatensis... cum Io. And. Baldi de Ubaldis aliorumque theorematibus.* Nel lib. III, part. I, rub. *De inquis.*, § 2, Guglielmo ha questo luogo: « Hoc secundum leges, quae « semiplene de inquisitione tractant, sed secundum canones clarius patet « forma et natura inquisitionis, et quando et qualiter in ea procedatur ». E Io. Andreae fa questa *add.*: « Roff., cujus fuit fere tota pars superior « eo. tit. in princ., hoc fatetur, *sed resistit dicentibus, quod inquisitio jure canonico sit inventa* ».

(3) *Const. Sic.*, II, 48; cf. *Cod. Just.*, VII, 63, 5.

moni sopra punti già esaminati in prima istanza.
Pare che molti fossero per l'affermativa in conformità del diritto romano[1]; ma Federico lo proibì
*propter falsi fabricandi materiam, propter cujus*
*timorem post publicationem testium, testes pro-*
*duci denuo jura in principalibus judiciis vetue-*
*runt; in appellationibus etiam removentes*[2].

Da questa sommaria esposizione, che abbiamo fatto
del procedimento nei giudizii civili e penali, si può
scorgere, in primo luogo, come questa fosse, secondo
abbiamo detto innanzi, la parte meno manchevole
del Codice Fridericiano, essendovi tracciate le grandi
linee del processo; e, in secondo luogo, si vede come
il tipo, che stava innanzi agli occhi del legislatore,
era il romano, sotto l'aspetto, che avea preso nel-
l'ultimo periodo del suo svolgimento. Riprodurlo
tal quale non era possibile, in mezzo a gente abi-
tuata a trattare le sue faccende con maggiore sollecitudine, che quello non avrebbe permesso. Di qui
le modificazioni e gli accorciamenti, che abbiamo
visto; così si spiegano gli addentellati, che il legislatore cercò di trovare negli usi dei suoi tempi
all'antico sistema, che volea richiamare a vita novella.

---

(1) Cf. *Cod. Just.*, VII, 63, 4.
(2) *Const. Sic.*, II, 52; cf. la glossa alla medesima, e, per la regola
romana accennata nel luogo riferito, v. *Novella*, XC, c. 9 (*Cod. Just.*,
IV, 20, 19 *Anth*. Sed et si quis *rel.*).

## V. — Diritto Privato.

Non ci rimane a trattare che del diritto privato.
È risaputo come questa sia la parte del diritto meno
sensibile ai politici cambiamenti, come quella che si
svolge nei rapporti dei singoli cittadini fra di loro, ed
in cui lo Stato non entra, se non per tutelarne il go-
dimento. A fargli mutare aspetto si richiedono pro-
fondi rivolgimenti sociali, i quali non si verificano
che in periodi molto lunghi di tempo; e solo quando
pel consenso tacito di tutti è surta una forma nuova,
allora interviene lo Stato a sanzionarla. Perciò le
legislazioni civili sono le ultime a venire nella vita
giuridica dei popoli, e sorgono quando già le altre
parti del diritto hanno assunto un aspetto proprio
e determinato.

Abbiamo detto innanzi quale fosse il suo stato qui
fra noi, quando i Normanni vi fondarono la monarchia. Il diritto longobardo predominante e il romano
serbato per tradizione più che per sicura notizia delle
sue fonti. Ma, se bene assai poco avessero fatto il
fondatore del reame ed i suoi due successori nel
campo del diritto privato, pure, coll'aver accettato

essi i concetti romani nella costituzione dello Stato
e nella punizione dei delitti, e favorito lo sviluppo
dei medesimi, fecero sì, che la nuova conoscenza
scientifica mano mano si ricongiungesse con l'antica tradizione oramai semispenta, ed una trasfor-
mazione cominciasse ad effettuarsi. Di che abbiamo
le prove nelle posteriori leggi sveve, le quali credettero necessario di occuparsi di quelli fra i rapporti privati, in cui è indispensabile l'intervento
dello Stato, per farli rispettare.

In quanto a diritti reali, della netta distinzione
fra possesso e proprietà, giusta le norme romane,
e contro il diritto longobardo, che le confondeva,
abbiamo avuto occasione di parlare innanzi, nel
diritto penale. Qui vogliamo solo ricordare come,
a tutela del possesso, il legislatore svevo desse, a
chi era stato violentemente spogliato del suo, la facoltà di rivolgersi anche contro gli eredi a titolo
particolare dell'autore dello spoglio ; mentre , per
diritto romano, si sarebbe solo potuto rivolgere al
rappresentante della personalità del defunto, ossia
all'erede universale. Federico stabilì per regola che
lo spogliato potesse fare la quistione possessoria
contro chiunque, *per quascumque manus possessio
ambulaverit* (1).

Passando alla tutela dei diritti, vediamo garen-
tita la *in integrum restitutio*, in caso di lesione,
allo Stato, ai minori ed alle donne, nei medesimi

---

(1) *Const. Sic.*, I, 26. Il glossatore loda Federico per questa legge ,
tuttochè contraria alla romana.

casi previsti dal diritto romano [1], come è detto espressamente da una costituzione [2].

A proposito dei contratti, è notevole una disposizione riguardante il mutuo, il commodato ed il deposito. Mentre per diritto romano, contro chi negasse la cosa mutuata, commodata o deposita, non si poteva sperimentare che un'*actio persecutoria in simplum*, per la cost. 67 del lib. I, il convenuto, oltre alla restituzione, era tenuto a pagare il terzo della somma negata in favore della Curia. E ciò pare abbia fatto il legislatore non solo per iscopi fiscali, ma anche per punire la fede mancata.

In quanto allo Stato, come soggetto di diritti patrimoniali, troviamo ordinato che, nella locazione delle cose appartenenti al Fisco, si fossero osservate tutte le solennità, *quas et cautela juris antiqui et nostri regni consuetudo deposcit* [3]. E re Guglielmo, non sappiamo bene se primo o secondo, coll'attribuire all'Erario le successioni *ab intestato* di coloro che morissero senza lasciare discendenti, ascendenti, o collaterali, e col non nominare fra i

---

(1) Già Ruggiero l'aveva accordata ai pupilli ed alle donne: *Ass. Vat.* XV; *Const. Sic.*, II, 41 e 42. — Federico interpretò ed estese le leggi dell'avo (*Const. Sic.* II, 41-44); solo prescrisse, in disformità del diritto romano, che i procuratori dello Stato, per domandare la *restitutio in integrum*, non avessero bisogno di mandato speciale (*Const. Sic.* II, 43; cf. *Dig.* IV, 4, 25).

(2) Dopo annoverati i casi, in cui era concessa alla donna la *restitutio*, si conclude: « Quos omnes, et si quos alios *probata juris antiquitas* « introduxit, in suo robure volumus remanere ». II, 44.

(3) *Const. Sic.* I, 89. Per queste solennità vedi *Cod. Just.*, XI, 70, *De locat. praed. civil. vel fiscal.*

possibili eredi il coniuge superstite, dimostra che
nelle successioni si seguiva tuttavia nel regno il
diritto longobardo, per il quale la moglie era com-
presa *inter cognatos*, che non erano per legge
ammessi a succedere [1].

Oltre di ciò, nessun'altra materia di diritto privato troviamo svolta nel Codice Fridericiano, ad
eccezione della prescrizione, a proposito della quale
il legislatore, dopo abolita quella del diritto franco di
un anno un mese un giorno ed un'ora, richiamò in
vigore *generales praescriptiones communis juris,
scilicet inter praesentes decennii, inter absentes
vicennii, praecedente scilicet titulo et bona fide
ex utraque parte utique concurrente*. Prescrisse
che tra privati, nello spazio di 30 anni, si estin-
guesse ogni diritto ed azione, meno l'ipotecaria, che
durava 40 anni, in rispondenza del diritto romano [2].
Fu però mantenuta la prescrizione di 40 anni del
diritto longobardo, per la quale in tal periodo i fratelli poteano sempre dimandare la divisione dei beni
ereditarii e fu estesa a tutto il regno [3]. Furono
espressamente confermate le usucapioni romane per
i mobili [4]. In ultimo la prescrizione di 40 anni,
stabilita dal diritto romano [5], e quella di 60, stabi-

---

(1) *Const. Sic.* I, 61, § 2; vedi a questo luogo la *Lectura* dell'Isernia
e la glossa. — Per l'autore della legge v. Capasso, *Sulla storia esterna*,
p. 22.

(2) *Const. Sic.* III, 37; cf. *Cod. Just.* VII, 31, 1, e VII, 39, 3.

(3) *Liutprando*, an. XIV, 1, ap. Padelletti, *Fontes*, p. 224 e seg.

(4) *Const. Sic.* III, 37; cf. *Cod. Just.* VII, 31.

(5) *Cod. Just.* VII, 39, 4 e 6.

lita dal diritto longobardo [1], contro il Fisco, fu
prolungata a 100 anni [2]. Furono però mantenute
in vigore contro il Fisco medesimo entrambe le prescrizioni romane, cioè quella di quattro anni in favore del possessore di beni vacanti e non denunziati
al Fisco [3], e quella di 3 anni per le sentenze portate
contro il medesimo [4].

Di qualche altra disposizione di diritto privato,
che non ha che fare col diritto romano, non è questo
il luogo di occuparsi.

---

(1) *Liutprando*, an. XIV, 8, *ibid.*, p. 231 e seg.

(2) Questa prescrizione esisteva anche in diritto romano, ma in favore
di chiese, ospedali ed altri luoghi pii. — *Cod. Just.* I, 2, 23.

(3) *Const. Sic.* III, 39; cf. *Cod. Just.* VII, 37, 1.

(4) *Const. cit.*; cf. *Cod. Just.* X, 9. Si confronti pure *Cod. Just.* I,
2, 23, dove le parole dell'*Anth.*: « Usucapione triennii, vel quadriennii
« praescriptione in suo robore durantibus », corrispondono alle ultime
della cost. fridericiana.

## VI. — Conclusione.

Cerchiamo ora di trarre alcune conseguenze da quanto fin qui siamo venuti esponendo.

Anzitutto, di risorgimento del diritto romano nell'Italia meridionale, avanti la metà del secolo duodecimo, pare non sia proprio a parlarsi. Le condizioni giuridiche di queste contrade nel periodo antecedente, per la scarsezza delle notizie sopravanzateci, certo, non si possono ritrarre con precisione; ma tuttavolta, da indizii rimasti in cronache e documenti giudiziarii, e da induzioni giustificate da fatti posteriori, sembra si possa dedurre, ch'esse furono tali, da non permettere oggi di porre in dubbio la preponderanza esercitatavi allora dal diritto longobardo e la posizione del tutto sussidiaria del diritto romano giustinianeo. Il quale, promulgato in Italia cinque secoli avanti con la *Pragmatica Sanctio*, era qui ricordato solo nella tradizione; giacchè, di un'illuminata applicazione di esso, fatta sulle fonti, non è neanche a discorrere e molto meno d'una qualsiasi elaborazione scientifica, quale, anche prima del secolo XII, avea avuto luogo nell'Italia settentrionale e media. E pure una fama postuma narrò, che qui fosse stato rinvenuto, nel 1135, l'unico esemplare superstite delle Pandette, che poi valse a far rivivere la giurisprudenza romana prima in Bologna e poscia in tutta l'Europa. Ma oramai, bene studiato dai moderni il periodo, che precedette la scuola bolognese, s'è visto come la medesima, anzi che sorgere così tutta in un tratto, sia stata lungamente e segretamente preparata, e s'è in tal modo aggiunto un argomento fortissimo a togliere ogni residuo di fede alla incerta e niente affatto credibile fama. Sulla quale parmi inutile di ritornare nuovamente, poichè, secondo le ricerche innanzi esposte, io credo debba ritenersi, che il risveglio del diritto romano seguisse un cammino del tutto contrario a quello, che questa falsa fama volle fargli tenere. Anzichè dire che le Pandette, trovate in Amalfi, portarono nell'Italia settentrionale la conoscenza del diritto romano, a me pare che un risorgimento del medesimo presso di noi chi sa quando sarebbe avvenuto, se non vi fosse stato importato dall'Italia del nord, dove da non molto aveva preso a rivivere nelle scuole una nuova vita. Con una quasi certezza si può dire, che tale importazione seguì per opera dei molti Lombardi, che, giusta il calcolo approssimativo dell'Amari, vennero in Sicilia negli ultimi venticinque anni dell'undecimo e nei primi venticinque del duodecimo secolo, e vi portarono le istituzioni municipali, e con queste per necessità dovettero anche portarvi il diritto, risorto appunto in mezzo al riattivarsi dei commerci nella vita comunale lombarda. Con tutto ciò, se non ci è dato di

additarne le tracce sino alla metà del secolo XII ,
si deve alle guerre, che allora incessantemente agi-
tarono queste contrade. Ma come Ruggiero II si
vide sicuro padrone del reame e si volse ad ordi-
narlo con le leggi, le prime ch'ei fece non furono
che riproduzioni di frammenti del Corpo del Diritto,
riguardanti per lo più il diritto penale. Il che dimostra che uno studio indipendente su quelle fonti,
di fresco introdotte fra noi, non erasi ancora fatto,
una volta che meccanicamente se ne riproducevano
le disposizioni. Inoltre quell'aver voluto subito rivolgere agli scopi della pratica la rinata giurisprudenza romana, anche prima che ciò facessero le altre
parti d'Italia, dove la medesima era stata restau-
rata, fece sì, che essa intristisse subito fra noi e
ne sorgesse una sequela di giuristi ed interpetri
pratici , che non si elevarono mai a vera altezza
scientifica.

Però, con tutta la predilezione ed il favore ad-
dimostrati al nuovo diritto dai dominatori normanni,
e quantunque in questo torno i nostri si recassero,
come abbiamo visto, a studiare all'Università bolognese, e, tornati nel regno, si adoperassero a far
entrare nella vita i precetti apparati , pure, per
tutto il periodo della dominazione normanna, la posizione privilegiata del diritto longobardo non ne rimase scossa, che solo in qualche punto; essendosi
soltanto, come vedemmo, sotto l'influenza dei nuovi
principii, organata la costituzione dello Stato e prescritta la punizione di taluni dei più importanti reati.
Pel rimanente esso conservò la sua posizione primitiva.

Intanto il terreno veniasi preparando per opera
dei giuristi nostri, e, salito al trono Federico di
Svevia, che, come imperatore romano-germanico,
ebbe un sentimento più forte in favore del diritto
promulgato da quelli, ch'ei riguardava come suoi
predecessori, la preponderanza del diritto romano
sul longobardo era assicurata. Solo però in alcune
parti della vita giuridica, quali la costituzione dello
Stato e quelle che con la medesima hanno più strette
attenenze, il diritto penale cioè e il procedimento
nei giudizii. Chè, in quanto al resto, e propriamente
pel diritto privato, veniva creata al diritto romano
una posizione eguale a quella, di cui godeva il diritto longobardo, o, per dir meglio, era riconosciuta
la posizione, che quello mano mano erasi di recente
guadagnata nella pratica. — Avanti la prima riproduzione di leggi romane fatta da Ruggiero, in talune specialmente delle nostre contrade si diceva *ius
commune* al diritto longobardo; nè questo perdè un
tal privilegio, come appena i dominatori normanni
incominciarono a mostrare le loro propensioni pel
diritto romano, ma continuò a serbarlo ancora per
lungo tratto di tempo, ed anche quando poi non fu
più tale in realtà. Di che ci fornisce le prove Andrea
d'Isernia, il quale, in più di un luogo delle sue opere
dice, che nel regno il diritto longobardo andava pre-
ferito al romano, con la quale espressione egli certo
volle accennare al diritto privato soltanto [1]. Però da

---

(1) Cf. la *Lectura* di Andrea d'Isernia alle *Const. Sic.* I, 62 e 63.

quel punto un altro diritto incominciò a farsi strada
anche fra noi e volle anch'esso essere riconosciuto
come *ius commune;* nè gli fu difficile raggiungere
una tal meta, perchè avea tradizioni, che doveano
facilmente attecchire in questo terreno. Il favore dei
principi normanni e la predilezione dei giuristi lo
aiutarono ad avvicinarsi a quello, che prima dominava da solo.

Ma colui, che li pose l'uno accanto all'altro e fece
ad entrambi eguale trattamento fu Federico, per opera
del quale vennero tutti e due riconosciuti come *iura
communia,* ben s'intende nel campo, dove egli non
avea assicurata al diritto romano una posizione
privilegiata. — Con questo concetto si spiegano bene,
parmi, le parecchie costituzioni, dove egli impone
ai suoi giudici di giudicare *secundum iura communia,* non contenendo le leggi sue, come abbiamo
visto, che pochissime determinazioni intorno al diritto privato.

Una volta ch'ebbe in buona parte stabilita la sua
preponderanza, il diritto romano, in seguito, venne
a poco a poco scacciando il longobardo anche dalle
posizioni, che questo conservava, le quali si re-
strinsero sempre più, essendo quello aiutato in tale
opera anche dagli studii della classica antichità, i
quali fecero sì che le menti ad altro non mirassero
se non all'antica Roma, obliando per lungo tratto e
mettendo in non cale la storia e le leggi dei tempi
intermedii. Ma a parlare di ciò io uscirei dal mio
còmpito, il quale si è limitato a discorrere i precetti e gl'istituti tolti dal diritto romano nelle leggi

normanne e sveve, e a far vedere come l'accetta-
zione di quei principii fosse stata non ultima ragione
dello splendore politico , economico e letterario di
quel periodo della storia nostra.

# APPENDICE

---

## I DUE CODICI DELLE ASSISE NORMANNE

---

### Avvertenza.

In adempimento di un desiderio già da me altrove espresso (*Arch. Stor. per le Prov. Nap.*, An. VII, fasc. I, p. 184), do qui il testo delle Assise normanne, secondo i due Codici, Vaticano e Cassinese, messi l'uno accanto all'altro, nella loro integrità, quali finora non li abbiamo; poichè il Merkel del Cassinese non fece che riprodurre quel tanto, che trovava la sua corrispondenza nel Vaticano.

Non istarò qui a ripetere tutto quello ch'è stato scritto intorno ai medesimi; mi contenterò soltanto di una più minuta descrizione dei manoscritti e di osservare ciò, che per avventura agli altri sia potuto sfuggire.

Il ms. Vat., non numerato quando la prima volta
(1844) fu visto dal Merkel e non osservato da altri,
ch'io sappia, dopo di lui, porta oggi il n. 8782
del Fondo latino. Come si sa, è membranaceo della
fine del sec. XII, ed appare scritto tutto dello stesso
carattere. È di provenienza ignota. Ha fol. 96
scritti a due colonne, in 8° gr., e contiene anzitutto
la Lombarda (fol. 1-46), indi XLII frammenti di
Costituzioni imperiali (46-48) e dopo le Istituzioni
giustinianee (49-91). Con la seconda colonna del
fol. 91 r. incominciano, senza alcun titolo, le nostre
Assise. Vi sono, in principio, nove righi in bianco,
che il copista erasi riserbati per il titolo da apporvi,
in rosso, come alle leggi longobarde ed alle Istituzioni, ma che poi non vi pose. Queste leggi vanno
sino alla prima colonna del fol. 94 v., senza occu-
parla tutta intera. Verso la fine della medesima
incomincia un trattatello *de arbitris*, a cui fa seguito un altro *de actionibus*, ed indi un ultimo
*de interdictis*. Questi tre piccoli scritti sono di un
carattere più minuto di quello dei precedenti, ma
pare sia lo stesso, in cui sono scritte le glossole alla
Lombarda ed alle Istituzioni, che solo per dimen-
sione si differenzia da quello del testo delle leggi,
sembrando tutti della stessa mano.

Come vedesi, la membrana vuota, di cui parla
il Merkel, lasciata dal copista per continuare il
Codice normanno, non esiste: sicchè il ms. Vat.
dovè essere eseguito quando delle leggi di Ruggiero
non erano state pubblicate, che quelle in esso contenute.

Il trattato *de arbitris*, che, come ho detto, segue immediatamente, incomincia così: « Karissimo amico « et domino A. dei gratia sancte romane ecclesie can- « cellario B. (1) in Christo salutem... Vestre sereni- « tatis apices ad nos denique a vobis missos servili « affectione suscepimus....., etc. » — Dopo essersi discorso un po' degli arbitri, si passa a fare un riassunto di procedura romana, specialmente penale, con ai margini le citazioni dei testi del Corpo del Diritto.

L'opuscolo *de actionibus* incomincia: « Quoniam « eorum desideriis, quibus difficile videtur naturam « actionum in romane legis codicibus diffusarum agno- « scere, satisfacere cupio, ideo, divina favente cle- « mentia, secundum nostre scientie vires, eas omnes « in unum colligere studeo..., etc. ».

L'ultimo, *de interdictis*, entra subito in materia: « Interdictorum quedam oriuntur ex obligatione, qui- « dem contractu, quedam ex obligatione maleficii. « Ex obligatione quidem contractus interdictum quo- « rum bonorum..., etc. ».

Il Cod. Cassinese porta all'esterno i nn. 468 e 341, e all'interno il n. 869. Esso è membranaceo della fine del XII secolo, o, al più, dei principii del XIII, e contiene la Lombarda (fol. 1-41 v.), indi la *Lex municipalis sive Privilegium Pontiscurvi*, che porta la data del 22 febbraio 1190. A fol. 42 v.

----

(1) Queste *A* e *B* sono iniziali di nomi veri, o sono una finzione qualunque?

sono tre diplomi di Federico II; a fol. 43 incominciano le *Assise Regum Regni Sicilie* e vanno sino al principio del fol. 44 v. ; per il resto della quale pagina continuano, in due colonne, gli Statuti di Pontecorvo. Col fol. 45 incomincia il *Breviarium Extravagantium Ber(nardi) prepositi Papiensis ecclesie.*

Oltre a diverse piccole varianti con le edizioni del Carcani e del Merkel, le quali saranno notate ai rispettivi luoghi, si noti che il Merkel saltò addirittura il primo paragrafo dell'Assisa Vaticana XLIII, *de poculo*, e appiccicò alla precedente XLII, *de precipitatoribus*, la clausola finale di quella, alterandone completamente il significato, come si può vedere al suo luogo.

Debbo qui poi confessare come la supposizione da me fatta altrove (*Arch. Stor. Nap.*, l. c.), che cioè nell'Ass. Vat. XXVIII, *de adulteris*, avesse potuto leggersi *curiam regentibus*, in luogo di *iura regentibus*, non ha fondamento nel ms., in cui si vede chiarissimo il *iura*; mentre nella corrispondente del Cod. cass. (XVI, *de crimine adulterii*) non si vede che un *uia regentibus*, anche a bastanza chiaro, interpretato dal Carcani per *Vicariam*. Non debbo però tacere, che e la frase insolita del primo codice e l'abbreviazione poco intelligibile del secondo mi paiono dovute a sbaglio di copisti, che lessero male il *curiam*, che a quel luogo originariamente doveva essere.

In ultimo bisogna che noti, come il *culusti* dell'Ass. Cass. XXXIV, *de seditionariis*, è chiara-

mente leggibile nel Cod., e, se non è parola di cui
ignoriamo il significato, deve anche aver avuto origine da imperizia di copista. Il Perla propose un
*curie servi*; a me piacerebbe più un *coloni eius,*
o *eiusdem.*

Sento infine il dovere di esprimere qui i miei
ringraziamenti all'ill. monsignor D. Stefano Cicco-
lini, bibliotecario della Vaticana, ed al tanto dotto
quanto buono e gentile Padre D. Oderisio Piscicelli-
Taeggi, per avermi facilitato lo studio dei due manoscritti.

## CODICE VATICANO

*N. 8782 Fond. lat.*

Dignum et necessarium est, o proceres, si quid de nobis et universi regni nostri statu meritis non presumimus ; a largitate divina gratia consecuta recepimus; divinis beneficiis quibus valemus obsequiis respondeamus, ne tante gratie penitus ingrati simus. Si ergo sua misericordia nobis Deus pius, prostratis hostibus, pacem reddidit, integritatem regni tranquillitate gratissima, tam in carnalibus quam in spiritualibus, reformavit; reformare cogimur iustitie simul et pietatis itinera, ubi videmus eam et mirabiliter (1) esse distortam. Hoc enim ipsum quod ait inspiramentum (2) de munere ipsius largitoris accepimus, dicente ipso: per me reges regnant et conditores legum decernunt iustitiam (3). Nichil enim gratius deo esse putamus, quam si id simpliciter offerimus, quod eum esse cognovimus, misericordiam scilicet atque iustitiam. In qua oblatione regni officium quoddam sibi sacerdotii vendicat privilegium; unde quidam sapiens legisque peritus iuris interpretes (4) iuris

---

(1) *Miserabiliter ?*, Merkel.
(2) *Inspirām*, Cod.
(3) Prov. VIII, 15.
(4) *Interpres*, Cod.

sacerdotes appellat[1]. Iure itaque, qui iuris et legum
auctoritatem per ipsius gratiam optinemus , eas in
meliorem statum partim erigere, partim reformare
debemus et qui misericordiam consecuti sumus, in
omnibus eas tractare misericordius, interpretari be-
nignius , presertim ubi severitas earum quandam
inhumanitatem inducit. Neque hoc ex supercilio ,
quasi iustiores aut moderatiores [2] nostris predeces-
soribus, in condendis legibus interpretandisve, nostris
vigiliis arrogamus, sed quia in multis delinquimus
et ad delinquendum procliviores sumus, parcendum
delinquentibus, cum moderantia nostris temporibus
apta, conveniens esse censemus.,Nam et ipsa pietas ita
nos instruit dicens: Estote misericordes sicut et pater
vester misericors est[3]; et rex et propheta: Universe
vie domini misericordia et veritas[4]; et proculdubio
tenebimus, quia iudicium sine misericordia erit ei,
qui iudicium fecerit sine misericordia. Volumus igitur
et iubemus ut sanctiones quas in presenti corpore
sive promulgatas a nobis, sive compositas (a) nobis [5]
facimus exhiberi, fideliter et alacriter recipiatis.

# I.

## DE LEGUM INTERPRETATIONE.

Leges a nostra maiestate noviter promulgatas ,
pietatis intuitu asperitatem nimiam mitigantes, mollia

---

(1) Dig. I, 1, 1, 1.
(2) *Moderatores*, Cod.
(3) Luc. VI, 36.
(4) Psal. XXV, 10.
(5) *Vobis*, Merkel.

quodam moderamine exacuentes, obscura dilucidantes,
generaliter ab omnibus precipimus observari: moribus, consuetudinibus, legibus non cassatis, pro va-
rietate populorum nostro regno subiectorum, sicut
usque nunc apud eos optinuit, nisi forte nostris his
sanctionibus adversari quid in eis manifestissime videatur.

## II.

### DE PRIVILEGIO SANCTARUM ECCLESIARUM.

Noverint ergo omnes nostre potestati subiecti,
quoniam in voto nobis semper fuit et erit ecclesias
dei, pro quibus dominus Jhesus sanguinem suum
fudit, protegere, defensare, augere modis omnibus,
sicut et projenitores nostri consueta liberalitate id
ipsum facere studuerunt, ideoque multa et innumera
beneficia adeo consecuti sunt semper in melius; itaque
sacrarum ecclesiarum res omnes et possessiones in
nostra, post deum et sanctos ejus, custodia collocatas
atque commissas ab omnibus incursibus malignantium
gladio materiali nobis a deo concesso (1) defendimus
et inviolatas custodimus: principibus, comitibus, baronibus et omnibus nostris fidelibus commendamus,
scituri (2) quod nostrum decretum quisquis violare
voluerit, nostram se sentiat ledere majestatem.

---

(1) *Concessas*, Cod.
(2) *Scituris*, Merkel.

# III.

## MONITIO GENERALIS.

Monemus principes, comites, barones majores atque minores, archiepiscopos, episcopos, abbates, cunctos denique qui subditos habent cives, burgenses, rusticos, sive cujuscumque professionis homines, eos humane tractare, misericordiam adhibere, maxime cum debitum adjutorium conveniens et moderatum valent (1) ab ipsis, quos habent subditos, postulare: gratum enim deo faciunt et nobis maximum gaudium, cuius potestati atque regimini divina dispositio tam prelatos subdidit, quam subiectos. Quod si fuerit neglectum, nostram spectabit sollicitudinem male factum in melius reformare.

# IV.

## DE REBUS REGALIBUS.

Scire volumus principes nostros, comites, barones universos, archiepiscopos episcopos, abbates, quicumque de regalibus nostris magnum vel modicum quid tenet, nullo modo nullo ingenio possit ad nostra regalia pertinens alienare, donare, vel vendere, vel in totum vel in partem minuere, unde iura rerum regalium minuantur, aut subvertantur, sive aliquod etiam dampnum patiantur.

---

(1) *Volunt*, Merkel.

# V.

## DE SANCTARUM RELIQUIARUM VENDITIONE.

Sancimus nemini licere martirum vel quorumcumque sanctorum reliquias vendere vel comparare. Quod si presumptum fuerit, nondum pretio numerato, nichil est consecuturus, si venditor emptorem voluerit convenire; si autem numeratio facta est, emptori repetitionem non esse, fiscum vero vendicare. Nostram spectabit providentiam temeritatem contrahentium cohercere, et ubi decuerit reliquias cum consilio antistitum collocare (1).

# VI.

## DE CONFUGIO AD ECCLESIAM.

Presente lege (2) sancimus per loca regni nostri omnia, deo propitio in perpetuum valitura, nullos penitus cuiuscumque condicionis de sacrosanctis expelli ecclesiis aut protrahi confugas, nec pro his venerabiles episcopos aut yconomos exigi que (3) debentur ab eis; qui hoc moliri aut facere presumpserint (4), capitis periculo aut bonorum omnium amissione plectendis. Interim confugis victualia non negentur. Sane si servus aut colonus aut servus glebe se ipsum subtraxerit domino, vel furatus res ad loca

---

(1) Cf. *Cod. Just.* I, 3, 26.
(2) *Cod. Just.* I, 12, 6.
(3) *Quod,* Cod.
(4) *Presumpserit,* Cod.

sacra (1) confugerit, cum rebus, quas detulit, domino presentetur, ut pro qualitate commissi subeat ultionem, aut, intercessione precedente, pietati restituatur et gratie. Nemini quippe ius suum est detrahendum.

## VII.

### DE PRIVILEGIIS ECCLESIARUM NON VIOLANDIS.

Si (2) venerabilis ecclesie privilegia cuiuscumque fuerint temeritate violata, dolove suppressa, commissum iuxta dampnositatem ecclesie compensetur; quod si non sufficiat ad condempnationis mulctam, regis iudicio vel officialium arbitrio committetur. Nichilominùs pro qualitate commissi regis providentie vel officialium arbitrio subiacebit.

## VIII.

### DE EPISCOPORUM PRIVILEGIO.

1. Episcopus (3) ad testimonium non flagitetur, nisi forte in causis ecclesiasticis vel publicis, cum necessitas aut regis auctoritas postulaverit.

2. Presbiteri non cogantur corporale sacramentum in negotiis exibere: diacones (4), subdiacones et infra positos altaris sacri ministros ab obsequiis sordidis alienos esse precipimus: presbiteros tantum, non etiam ceteros, omnibus angariis personalibus prohibemus.

---

(1) *Sancta*, Merkel.
(2) *Cod. Just.* I, 3, 13.
(3) *Cod. Just.* I, 3, 7.
(4) *Cod. Just.* I, 3, 6.

# IX.

## DE ILLICITIS CONVENTICULIS.

Conventiculam (1) illicitam extra ecclesiam in privatis edibus celebrari vetamus; proscriptionis domus periculo imminente, si dominus eius in eam clericos novam vel tumultuosam conventiculam celebrantes suscéperit non ignarus.

# X.

## DE ASCRIPTICIIS VOLENTIBUS CLERICARI.

1. Ascriptitios (2) sine voluntate et assensu eorum, quorum iuri subditi sunt et potestati, nullus episcoporum ordinare presumat, neque de aliena parrochia per litteras commendatorias secundum canonum instituta vel ab episcopo, vel a proprio capitulo.

Hii, quorum ascripticii sunt, si quod premium pro data licentia consecrandi suscepisse convicti fuerint, ius ascriptitii (3) perdant, qui dedit pecuniam ab ordine cadat, fisco vero cum omnibus rebus suis vendicetur.

2. Solet (4) sancto voto atque proposito sanctis occasionibus pravitas se ingerere et dei servitium atque ecclesie ministerium perturbare. Ne ergo sinistrum

---

(1) *Cod. Just.* I, 3, 15.

(2) *Cod. Just.* I, 3, 16 e 37.

(3) Il Cod. ha *huiusce ascriptitii*, ma il Merkel giustamente corresse *jus ascripticii*.

(4) *Solent*, Cod.

aliquod aliquando possit nostris institutionibus obviare; si forte in rure vel in vico ecclesia assignatos habuerit sacerdotes, quibus decedentibus (1), sint alii (*subrogandi et*) (2) domini ruris vel vici super ascriptitiis episcopo fieri subrogationem negaverint, presertim cum ex ipsis ascriptitiis persona ydonea ab episcopo expectatur; dignum nostre clementie (3) videtur atque iustissimum ad iustam petitionem ecclesie ascripticiorum dominum iure cogendum; filii vero decedentis presbiteri ad ascripticiorum condicionem reddantur (4), omni occasione remota.

## XI.

### DE RAPTU VIRGINUM.

1. Si (5) quis rapere sacratas deo virgines aut nondum velatas causa iungendi matrimonium presumpserit, capitali pena feriatur, vel alia pena, quam regia censura decreverit.

## XII.

Judeus, paganus servum christianum nec vendere nec comperare audeat nec ex aliquo titulo possidere

---

(1) *Descendentibus*, Cod.
(2) Mancano nel Cod. queste due parole, che suppliamo dalla Cost. di Federigo, *Const. Sic.* III, 2.
(3) *Camere* è cassato nel Cod.
(4) *Reddant*, Cod.
(5) *Cod. Just.* I, 3, 5.

seu pignori detinere: quod si presumpserit, omnes
res eius infiscentur et curie servus fiat. Quem si forte
ausu nefario (1) vel suasu circumcidi vel fidem ab-
negare fecerit, capitali supplicio puniatur (2).

## XIII.

### DE APOSTATANTIBUS.

Apostatantes a fide catholica penitus execramus,
ultionibus insequimur, bonis omnibus spoliamus; a
professione vel voto naufragantes legibus coartamus, successiones tollimus, omne ius legitimum abdicamus (3).

## XIV.

### DE IOCULATORIBUS.

Mimi (4) et qui ludibrio corporis sui questum faciunt, publico habitu earum virginum, que deo dicate
sunt, vel veste monachica non utantur nec clericali;
si fecerint, verberibus publice afficiantur.

## XV.

### DE PUPILLIS ET ORPHANIS.

1. Pupillis et orphanis pietatis intuitu multa privilegia priscis legibus confirmata pro qualitate tem-

---

(1) *Ausu vel nefario*, Cod.
(2) *Cod. Just.* I, 9, 18; I, 10, 1.
(3) *Cod. Just.* I, 7.
(4) *Cod. Just.* I, 4, 4.

porum, quibus obsoleverunt [1] in ultimo, delegamus, nostris iudicibus, ubi iactura tollerabilis non est, favorabiliter commendamus.

2. Mulieribus nichilominus, ubi non modice lese sunt, propter fragiliorem sexum, legum equitatem sectantes, tam per nos quam per officiales nostros ex pietatis visceribus subveniendum decrevimus, sicut decet et oportet.

## XVI.

### DE INDIGNE ANELANTIBUS AD SACERDOTIUM.

Nemo sacerdotum dignitatem pretio petere audeat, contumeliam pro premio reportaturus et penam, mox ut fuerit propria petitione detectus. Ille enim honore se privat, qui impudenti fronte velud importunus expostulat.

## XVII.

### DE SACRILEGIIS.

1. Disputari [2] de regis iudicio, consiliis, institutionibus, factis non oportet; est enim par sacrilegio disputare de ejus iudiciis, institutionibus, factis atque consiliis, et an is dignus sit, quem rex elegerit aut decernit.

Multe leges sacrilegos severissime punierunt, set pena moderanda est arbitrio iudicantis, nisi forte

---

(1) *Absoluerint*, Cod.
(2) *Cod. Just.* IX, 29, 3.

manufacta templa dei fracta sunt violenter, aut dona et vasa sacra noctu sublata sunt, hoc enim casu capitale est (1).

# XVIII.

## DE CRIMINE MAJESTATIS.

1. Quisquis (2) cum milite uno vel cum pluribus, seu privato scelestem inierit factionem, aut factionis dederit vel susceperit sacramentum, de nece etiam virorum illustrium, qui consiliis et consistorio nostro intersunt, cogitaverint et tractaverint; — eadem severitate voluntatem sceleris, qua effectum, puniri iura voluerunt; — ipse quidem utpote reus majestatis gladio feriatur, bonis eius omnibus fisco addictis; filii vero eius nullum unquam beneficium sive a nostro beneficio, seu iure consensum optineant. Sit ei mors solacium, et vita supplicium. Quod si quisquam de factiosis mox sine mora factum (3) detexerit, veniam et gratiam mox sequatur (4).

2. Crimen (5) majestatis post mortem rei etiam incipit et tractatur; rei memoria condempnatur, adeo ut quicquid contraxerit, fecerit, statuerit a die criminis, nullam habeat firmitatem; set omne quod habuit fisci iuribus vendicetur.

---

(1) Cf. *Dig.* XLVIII, 13, 6 pr.
(2) *Cod. Just.* IX, 8, 5.
(3) *Factū* ha il Cod., non *factā*, come lesse il Merkel.
(4) Il Merkel corregge *consequatur*.
(5) *Cod. Just.* IX, 8, 6.

3. Hoc crimine qui parentem purgaverit, eius successionem meretur.

4. Hoc crimine tenentur (1) omnes, quorum consilio fugiunt obsides, armantur cives, seditiones moventur, concitantur tumultus, magistratus necantur, exercitus deseritur, ad hostem fugitur, socius proditur, dolo malo cuneus discinditur, bellis ceditur, arx desolata (2) relinquitur, sociis auxilium denegatur, ceteraque hujusmodi, sicut regii consilii explorator, summissor et publicator, et qui susceperit hospitio hostes regni et ductum prebuerit non ignarus.

## XIX.

### DE NOVA MILITIA.

Divine iustitie consentientes probanda probamus, contrarium refutamus. Sicut (3) enim nullatenus exasperandi sunt boni, ita beneficiis non sunt fovendi mali. Sancimus itaque tale proponentes edictum, ut si quicumque novam militiam arripuerit contra regni nostri beatitudinem atque pacem sive integritatem, militie nomine et professione penitus decidat (4), nisi forte a militari genere per successionem duxerit prosapiam. — Idemque statuimus de sortientibus qualiscumque professionis ordinem, ut puta si vel auctoritatem iudicii optinuit, sive notariorum officium ceterisque similibus.

---

(1) Non manca *tenentur* nel Cod., come vuole il Merk.
(2) *Ars desolata*, Cod.
(3) Cod. *Siē=sicut.*
(4) Così ha il Cod., non *decidatur*, secondo lesse il Merkel.

# XX.

## DE FALSO.

Qui litteras regias aut mutat, aut, quas ipse scripsit, notho sigillo subsignat, capitaliter puniatur.

# XXI.

## DE CUDENTIBUS MONETAM.

1. Adulterinam monetam cudentibus, vel scienter eam accipientibus, penam capitis irrogamus et eorum substantiam publicamus : consentientes etiam hac pena ferimus (1).

2. Qui (2) nummos aureos vel argenteos raserint, tinxerint, vel quocumque modo imminuerint, tam personas eorum quam bona omnia publicamus (3).

# XXII.

Ubi (4) questio falsi inciderit, diligens inquisitio mox sequatur argumentis, testibus, collatione scripturararum et aliis vestigiis veritatis; non solum accusator probationibus honeretur, set inter utramque personam iudex sit medius, ut, omnibus, que competunt, exquisitis, demum sententiam ferat; capitali

---

(1) *Cod. Just.* IX, 24, 1, 2.
(2) Non *quicumque*, come ha il Merk.
(3) *Dig.* XLVIII, 10, 8.
(4) *Cod. Just.* IX, 22, 22.

post probationem supplicio secuturo , si id exigat magnitudo supplicii , vel alia pena pro qualitate delicti.

## XXIII.

### DE FALSO INSTRUMENTO.

1. Qui falso instrumento nescius utitur, falsi crimine non punitur [1].

2. Qui falsitatem testibus astruxerit, falsi pena cohercetur.

## XXIV.

### DE ABOLITIONE TESTAMENTI.

1. Amotor [2] testamentorum, publicorum instrumentorum celator, deletor [3], perversor eadem pena tenetur [4].

2. Si quis patris testamentum deleverit, ut quasi ab intestato succedat, patris hereditate privatur [5].

## XXV.

### DE OFFICIALIBUS PUBLICIS.

Qualitas persone gravat et relevat penam falsi. Officiales reipublice vel iudices [6] , qui tempore

---

(1) *Cod. Just.* IX, 22, 4.
(2) *Motor,* Cod.
(3) *Delator,* Cod.
(4) *Cod. Just.* IX, 22, 14.
(5) Cf. *Dig.* XLVIII, 10, 26.
(6) *Cod. Just.* IX, 28.

amministrationis pecunias publicas subtraxerint, obnoxii crimini peculatus capite puniantur, nisi regia
pietas indulserit.

## XXVI.

### DE BONIS PUBLICIS.

1. Qui sua negligentia bona publica deperire vel
minui permiserit, in persona propria et rebus suis
constituetur (1) obnoxius, et hoc prospectu pietatis
regie.

2. Qui sciens furantibus (2) assensum prebuerit,
eadem lege tenetur.

## XXVII.

### DE CONJUGIIS LEGITIME CELEBRANDIS.

Quoniam ad curam et sollicitudinem regni per-
tinet leges condere, populum gubernare, mores in-
struere, pravas consuetudines extirpare, dignum et
equum visum est nostre clementie quamdam pravam
consuetudinem, que quasi clades et lues huc usque
per diuturna tempora partem nostri populi perre-
pendo (3) pervasit, edicti nostri mucrone recidere,
ne liceat vitiosas pullulas de cetero propagare. Absurdum quippe moribus, repugnans sacrorum canonum institutis, christianis auribus inauditum est

---

(1) *Constituet* dice il Cod., non *constituet*, come vuole il Merkel.
(2) Il Merk. legge *furatus*.
(3) Così ha il Cod., non *prorependo*, dato dal Merkel.

matrimonium velle contrahere, legitimam sobolem procreare, indivisibile vite consortium alligare, nec dei favorem et gratiam in ipsis nuptiarum instabulis querere et tantum in Christo et Ecclesia, ut dicit apostulus (1), sacramentum confirmandum per sacerdotum ministerium creare. Sancimus itaque lege presenti, deo propitio perpetuo valitura, volentibus omnibus legitimum contrahere matrimonium necessitatem imponi, quatinus post sponsalia nuptias celebraturi (2) sollempniter quisque pro suo modulo seu commodo limen petant ecclesie (et) sacerdotum benedictionem, post scrutinium consecutum anulum ponat pretii, postulationique sacerdotali subdantur, si volunt futuris heredibus successionem relinquere. Alioquin noverint ammodo molientes contra nostrum regale preceptum neque ex testamento, neque ab intestato se habituros heredes legitimos, ex illicito per nostram sanctionem matrimonio procreatos: mulieres etiam dotes et aliis nubentibus legitime debitas non habere. Rigorem cuius sanctionis omnibus illis remittimus, qui promulgationis ejus tempore iam matrimonium contraxerunt. Viduas vero volentibus ducere hujus necessitatis vinculum relaxamus.

## XXVIII.

### DE ADULTERIS.

1. Generali lege presente sancimus pietatis intuitu, cui viscera tota debemus, quotiens a nostra provi-

---

(1) *Paul. ad Ephes.* V, 32.
(2) Il Cod. ha *celebranti.*

sione et ordinatione jura regentibus accusatio adulterii aut stupri fuerit presentata, oculo non caligante personam despicere, condiciones notare, etates et consilium animi investigare, si deliberatione vel consultatione vel lubrico etatis proruperint ad facinus, vel prolapse sint; utrum earum fortuna tenuis sit an torosa, petulantia stimulate fuerint an dolore maxime maritali: ut, his omnibus perquisitis, probatis vel manifestis, non de rigore iuris, set de lance equitatis, super commissis excessibus lenior vel asperior sententia feratur. Sic enim perfecta iustitia divine iustitie respondebit; nam nec nos poterit [1] illa divina sententia: in qua mensura mensi fueritis remetietur vobis [2].

2. Legum igitur asperitate lenita, non, ut olim, gladio agendum, set rerum ad eam pertinentium confiscatio inducetur, si filios legitimos ex eo matrimonio violato vel alio non habuerit; periniquum est successione quippe fraudari, qui nati sunt eo tempore, quo thori lex legaliter servabatur. At [3] viro tradenda est, nullatenus ad vite periculum sevituro, set ultionem thori violati nasi truncatione, quod sevius et atrocius inducitur, persecuturo [4]: ultra enim neque viro neque parentibus sevire licebit. Quod si vir eius noluerit in eam dare vindictam, nos hujusmodi

---

(1) Il Cod. ha *potît;* forse dovea dir *praeterit;* il Merkel supplisce *fugere.*

(2) *Matth.* VII, 2.

(3) Il Cod. ha *aū = autem.*

(4) *Cod. Just.* IX, 9, 37, dai Basilici.

maleficium non sinemus inultum, precipimus publice flagellandam (1).

3. Qui coram se spectante vel arbitrio permittit cum ganeis suam coniugem lascivire, non facile poterit vero (2) judicio accusare : viam quippe mechandi aperit, qui, cum possit prohibere, consentit.

4. Quamvis uxorem suspectam quis habeat, eum lenocinii non dampnamus (3); quis enim alieni thori iure inquietet quietem? Quod si patenter deprehendimus quempiam habere uxorem questuosam, dignam nostris temporibus mox sequimur pene vindictam, eum quoque pena infamie condempnamus.

5. Femine (4) penitus et adulterii et stupri severitate iudiciaria prestentur immunes, quas vilitas vite dignas legum observatione non credit.

## XXIX.

### DE EODEM.

1. Que passim venalem formam exhibuit et vulgo prostitutam se prebuit, huius criminis accusationem ammovit (5): violentiam tamen ei ingeri prohibemus, et inter boni testimonii feminas ei habitationem vetamus (6).

2. Adulter (et) adultera simul accusari non pos-

---

(1) *Flagellandum*, Cod.
(2) Il Cod. ha *vo*.
(3) *Cod. Just.* IX, 9, 2.
(4) *Cod. Just.* IX, 9, 29.
(5) *Cod. Just.* IX, 9, 22.
(6) *Denegamus*, Merkel.

sunt (1), alter singulariter est accusandus, et rei exitus expectandus (2) : nam si adulter defendi poterit, mulier est secura, nulli ulterius responsura; si vero fuerit condempnatus, tunc demum mulier accusatur.

3. Lex delectum non facit, quis primum conveniri debeat; set si uterque presens est, vir conveniendus est primum.

4. Repudium in accusatione est semper permittendum; neque violentia seu detentio est adhibenda.

## XXX.

### DE LENOCINIO.

1. Lenas sollicitantes alienam scilicet castitatem, genus criminis pessimum, tanquam ipsas adulteras puniendas presente lege sancimus.

2. Matres, virgines filias venalicias proponentes et maritalia federa fugientes, ut lenas ipsas persequimur, scilicet ut nasus ejus abscidatur. Castitatem enim suorum viscerum vendere inhumanum est et crudele. Quod si filia se ipsam tantum (3) prostituerit, mater vero solummodo consentit, iudicum arbitrio relinquatur.

---

(1) *Cod. Just.* IX, 9, 8.
(2) *Dig.* XLVIII, 5, 32, 1.
(3) Manca in Merkel.

## XXXI.

### DE VIOLATIONE THORI.

1. Si providentia regie celsitudinis nullo modo patitur inter regni nostri limitem (1) baronum nostrorum quemlibet alterius castrum invadere, predas committere, cum armis insurgere, vel inique fraudari, quin pro commisso bonorum omnium iactura ipsum afficiat; quanto amplius dampnandum censemus, si compatris et vicini thorum violare presumpserit? Intolerabile prorsus de iure videtur. Sancimus itaque, si de tali facto nobis aliquando fuerit proclamatum, manifestum fuerit vel probatum, bonorum omnium mulctatione plectendum.

2. Si maritus uxorem in ipso actu adulterii deprehenderit, tam uxorem, quam adulterum occidere licebit, nulla tamen mora protracta.

## XXXII.

### DE ADULTERIO.

Lex maritum lenocinii pena cohercet, qui uxorem in adulterio deprehensam retinuerit, adulterumque dimiserit (2), nisi forte sine sua culpa ille diffugit.

---

(1) *Militem*, Cod.
(2) *Dig*. XLVIII, 5, 29, pr.

## XXXIII.

### DE DESISTENTIBUS AB ACCUSATIONE.

Qui [1], post crimen adulterii intentatum, uxorem receperit, destitisse videtur ab accusatione [2]; ideoque suscitare questionem ultra non poterit.

## XXXIV.

### DE INIURIIS PRIVATIS PERSONIS ILLATIS.

Quod iuri et rationi est consentaneum satis vere cunctis est gratum, et quod a ratione equitatis discrepat universis ingratitudinem representat. Nulli igitur mirum si, quod in homine deus carius et dignius posuerit, cum negligitur atque despicitur et inprobo iudicio vilipenditur, sapiens et honestatis amicus rationabiliter indignatur. Quid enim absurdius, quam equa lance pensari, ubi iumenti cauda decerpitur, et ubi honestissimi viri barba depilatur? Pro suggestione ergo [3] populi nostro regno subiecti atque supplicatione, legum suarum ineptitudinem cognosentis [4], hanc legem et edictum proponimus, ut cuicumque de popularibus excusato tamen et deliberatione barba fuerit depilata, reus talis commissi

---

(1) *Dig.* l. c., 40, 1.
(2) *Ab accusatione*, manca in Merkel.
(3) Non *igitur*, come ha il Merkel.
(4) Così il Cod., non *cognosentes*, come lesse il Merkel.

pena huiusmodi feriatur, solidis aureis scilicet regiis sex ; si vero in rixa factum fuerit, sine deliberatione et studio, de eisdem sol. III.

## XXXV.

### DE INIURIIS PERSONIS ILLATIS CURIALIBUS.

Observent diligentissime iudices , ut in actione iniuriarum [1] curialium dignitatem personarum considerent; et iuxta personarum qualitatem sententiam ferant, eorum scilicet, quibus fuerint, et eorum, qui faciunt, et quando (et) ubi temeritas presumitur, et iusta qualitatem personarum sententiam ferant : ipsis autem facta iniuria non ad ipsos dumtaxat, set etiam ad regie dignitatis spectat offensam.

## XXXVI.

### DE MEDERI VOLENTIBUS.

Quisquis ammodo mederi voluerit, officialibus et iudicibus nostris se presentet, eorum discutiendus iudicio [2]. Quod si sua temeritate presumpserit , carcere constringatur, bonis ejus omnibus publicatis. Hoc autem prospectum est, ne quilibet nostro regno [3] subiecti periclitentur imperitia medicantium.

---

[1] *Iuriararum*, Cod.
[2] *Cod. Just.* X, 52, 10.
[3] *Regno nostro*, Merkel.

## XXXVII.

### DE PLAGIARIIS.

Qui sciens liberum hominem vendiderit, hac pena legitima teneatur, ut ex bonis suis venditus redimatur; ipse vero maleficus curie nostre servus sit, bonorum suorum residuo publicato. Quod si non poterit redimi, pro servo tradatur parentibus venditi, bonis ejus curie addictis. Quocumque autem *casu* (1) venditus redeat, maleficus curie servus fiat, filiis etiam post hunc casum nascentibus subiectis curie perpetue servituti.

## XXXVIII.

### DE SICCARIIS.

Qui (2) aggressorem vel latronem, in dubio vite discrimine constitutus (3), occiderit, nullam ob id factum (4) calumpniam metuere debet.

## XXXIX.

### DE INFANTIBUS ET FURIOSIS.

Infans (5) sine malignitate animi et furiosus si hominem occiderit, non tenetur. Quia alterum innocentia consilii, alterum fati infelicitas excusat.

---

(1) Voce supplita dal Merkel, secondo l'assisa cass.
(2) *Cod. Just.* IX, 16, 2.
(3) *Constitutis*, Cod.
(4) Dopo *factum* nel Cod. seguiva *iniuriam*, che si vede cassata.
(5) *Dig.* XLVIII, 8, 12.

## XL.

### DE FURE.

Nocturnum furem qui occiderit, impune ferat [1], si aliter comprehendi non potuerit, dummodo clamore id fiat.

## XLI.

### DE INCENDIARIIS.

1. Qui dolose domum incenderit, capitis pena plectatur, velud incendiarius [2].

2. In maleficiis voluntas spectatur, non exitus; nichil enim interest, occidat quis an mortis causam prebeat.

## XLII.

### DE PRECIPITATORIBUS.

Qui de alto se ipsum precipitat et hominem occiderit, et ramum incautus prohiciens non proclamaverit, seu lapidem ad [3] aliud iecit hominemque occidit [4], huic pene non succumbit [5].

---

(1) *Dig.*, l. c., 9.
(2) *Dig.* XLVIII, 19, 28, 12.
(3) *Aut?*
(4) *Dig.* XLVIII, 8, 7.
(5) Il Merkel, in luogo delle ultime parole, che sono nel Cod. Vat., ha *capitali sententia feriatur*, che sono le ultime parole del 1° n. dell'assisa seguente, il quale manca nel Merkel, che ne riferisce solo la seconda parte.

# XLIII.

## DE POCULO.

1. Mala et noxia medicamenta, ad alienandos animos, seu venena quis dederit, vendiderit, habuerit (?) (1), capitali sententia feriatur.

2. Poculum (2) amatorium vel aliquem cibum noxium quisquis instruxerit, etiam si neminem leserit, impunis non erit.

# XLIV.

## SI JUDEX LITEM SUAM FECERIT.

1. Judex si accepta pecunia reum quem criminis et mortis fecerit, capitis periculo subiacebit.

2. Si iudex fraudulenter atque dolose sententiam contra leges protulerit, auctoritate iudiciaria inrecuperabiliter cadat, notetur infamia, rebus eius omnibus publicatis. Quod si ignorantia a iuris sententia oberraverit, ferens iudicium pro simplicitate animi manifesta, regie misericordie et providentie subiacebit.

---

(1) Il Cod. ha *huit*.
(2) *Dig.* XLVIII, 19, 38, 5.

# CODICE CASSINESE

*nn. 868 e 341 inter., 869 ester.*

---

## ASSISE REGUM REGNI SICILIE

---

Leges a nostra maiestate noviter promulgatas generaliter ab omnibus precipimus observari; moribus, consuetudine et legibus non cassatis, nisi forte his nostris sanctionibus adversari quid in eis manifeste videatur.

### 1. — DE PRIVILEGIIS ECCLESIARUM.

.Primo itaque iura sanctarum ecclesiarum, res omnes et possessiones earum in nostra, post deum et sanctos eius, custodia collocatas ab omnibus incursibus malignantium gladio materiali, a Deo nobis concesso, defendimus et inviolatas custodimus: quisquis hoc nostrum decretum violare voluerit, nostram senserit ledere maiestatem.

## 2. — UT DOMINI SUBIECTOS HUMANE TRACTENT.

Monemus principes, comites et barones omnesque dominos subiectos humane tractare , misericordiam adhibere, maxime cum debitum adiutorium et moderatum et conveniens volent ab ipsis, quos habent subiectos, postulare.

## 3. — UT REGALIA NON MINUANTUR.

Quicumque de regalibus nostris magnum vel modicum quid tenet, nullo modo, nullo ingenio possit ad nostra regalia pertinens donare, vendere vel alienare, vel in totum vel in partem minuere.

## 4. — DE SACROSANCTIS ECCLESIIS , ET EPISCOPIS ET CLERICIS.

1. Sancimus nemini licere sanctorum reliquias vendere vel comparare (1).
2. Sancimus sub capitis periculo nullos penitus cuiuscumque condicionis de sacrosanctis ecclesiis expelli aut protrahi confugas; nec pro his venerabiles episcopos vel iconomos exigi que debentur ab eis; nec ipsis confugis interim victualia negentur. Servus vero, colonus, seu gleba (2) servus subtrahens se domino vel furatus res ad loca sacra confugiens, cum rebus, quas detulit, domino presentetur.
3. Privilegia ecclesiarum inconcussa serventur.

---

(1) *Comperare*, Carcani.
(2) *Glebae*, Carcani.

4. Episcopus ad testimonium non flagitetur, nisi forte in causis ecclesiasticis vel publicis, et cum summa necessitas, aut regis auctoritas postulaverit.

5. Diaconos et subdiaconos et infra positos altaris sacri ministros ab obsequiis sordidis alienos esse precipimus.

6. Presbiteros vero tantum, non etiam ceteros, ab angariis personalibus prohibemus.

### 5. — DE ILLICITIS CONVENTICULIS.

Conventicula illicita extra ecclesiam, in privatis edibus, celebrari vetamus.

### 6. — NE SERVI VEL ASCRIPTICII CLERICENTUR.

1. Ascripticios (1) sine voluntate eorum, quorum iuri subditi sunt, nullus episcoporum ordinare presumat.

2. Judeus, paganus servum christianum nec comparare (2) audeat, nec ex aliquo titulo possidere.

### 7. — DE IOCULATORIBUS.

Mimi et mime, et qui ludibrio corporis sui questum faciunt, publico habitu veste monachica, vel clericali non utantur; quod si fecerint, verberibus publice afficiantur.

---

(1) *Adscriptitios*, Merk. e Carc.
(2) Cod. *compare*; Carcani, *comperare*.

## 8. — DE RAPTU.

Si quis rapere sacratas virgines, aut nondum velatas, causa iungendi matrimonium, presumpserit,
capitali pena feriatur.

## 9. — DE APOSTATIS.

Apostatas insequimur ultionibus, bonis omnibus
spoliamus. A professione vero naufragantes seu voto
legibus coartamus (1), successiones tollimus, omne
ius legitimum abdicamus.

## 10. — DE PUPILLIS ET ORPHANIS.

Leges, que pro pupillis et orphanis faciunt, rele-
vamus. Mulieribus lesis ex pietatis visceribus propter
fragiliorem sexum subveniendum decrevimus, sicut
decet et quatenus oportet.

## 11. — DE SACRILEGIS CONSILIIS.

Disputari de regis iudiciis, consiliis, institutionibus
et factis non oportet; talis disputatio par sacrilegio
computatur. Multe leges sacrilegos severissime punierunt, set pena moderanda (2) est arbitrio iudi-

---

(1) *Coarctamus*, Carc.
(2) *Moderata*, Merk.

cantis, nisi forte manu facta [1] templum dei fractum est violenter, aut dona et vasa sacra noctu sublata sunt: hoc enim casu capitale est.

## 12. — DE CRIMINE MAIESTATIS.

1. Quisquis cum milite uno aut pluribus seu privato [2] scelestam inhierit factionem, aut factionis dederit vel susceperit sacramentum, de nece etiam virorum illustrium, qui consiliis et consistorio nostro intersunt, cogitaverit et tractaverit, — eadem enim severitate voluntatem sceleris quam effectum puniri iura voluerunt, — ipse quidem ut pote reus maiestatis gladio feriatur, bonis eius fisco addictis. Filii vero eius nullum unquam beneficium sive a nostro beneficio seu iure confertum [3] optineant: sit ei mors solacium et vita supplicium. Quod si quisquam [4] de factiosis mox sine mora facta [5] detexerit et premio a nobis et honore donabitur. Is vero qui usus fuerit factione, si sero tamen incognita adhuc patefecerit et conciliorum archana . . . . . absolutione tantum ac venia dignus habebitur; sic tamen, si suis assertionibus veri fides fuerit opitulata, laudem maximam et premium a nostra clementia consequetur; alioquin capitali pena plectetur.

---

(1) *Manifeste*, Carcani.
(2) Su questa parola nel Cod. sta scritto *villano*.
(3) *Conferctum*, Carc.
(4) *Quis*, Merk.
(5) *Factum*, Merk.; *factam*, Carc.

2. Crimen maiestatis post mortem incipit et tractatur, et rei memoria condempnatur; adeo ut quicquid contraxerit, fecerit (1), statuerit a die criminis
nullam habet firmitatem. Hoc crimine qui parentem
purgaverit, eius successionem meretur.

3. Hoc crimine (2) tenentur omnes, quorum consilio
fugiunt obsides, armantur cives, seditiones moventur,
concitantur tumultus, magistratus necantur, exercitus deseritur, ad hostes fugitur, dolo malo cuneus
scinditur, socius proditur, bellis ceditur, arx deso-
latur vel relinquitur, sociis auxilium denegatur ceteraque huiusmodi, ut regii consili explorator, sive
missorum publicator et qui susceperit hostes regni
hospitio, vel ductum prebuerit non ignarus.

### 13. — DE INIURIIS CURIALIUM.

Observent iudices diligentissime, ut in actionem
iniuriarum curialium personarum dignitatem et qualitatem eorum, quibus illate sunt, et eorum, qui
faciunt, et quando et ubi huiusmodi temeritates pre-
sumuntur et sic ferant sententiam; quia non ad ipsos
dumtaxat, sed ad regie dignitatis spectat offensam.

### 14. — DE CRIMINE FALSI.

1. Qui litteras regias aut mutat, aut, quas ipse
scripsit, notho sigillo subsignat, capitaliter puniatur.

---

(1) Manca in Merk.
(2) *Etiam*, Carc.

2. Qui falso instrumento utitur nescius, falsi crimine non punitur.

3. Adulterinam monetam cudentibus, vel scienter eam suscipientibus et utentibus, penam capitis irrogamus et eorum substantias publicamus; consentientes etiam hac pena ferimus.

4. Qui nummos aureos, vel argenteos raserit, tinserit(1), vel aliquo modo minuerit, tam personas eorum quam bona omnia publicamus.

5. Qui falsitatem testibus astruxerint (2), falsi pena coherceantur.

6. Motor testamentorum publicorum (3), instrumentorum celator, deletor, perversor, eadem pena tenetur.

7. Si quis patris testamentum aboleverit, ut quasi ab intestato succedat, patris hereditate privetur.

8. Qualitas persone gravat et relevat penam falsi.


## 15. — DE CONIUGIIS.

Sancimus lege presenti, volentibus omnibus legitimum contrahere matrimonium necessitatem imponi quatenus, post sponsalia, celebraturi (3) nuptias sollempniter quisque pro modulo suo, seu quomodolibet limen petat ecclesie, sacerdotum benedictionem post scrutinium consecuturum anulum ponat, preci postu-

---

(1) *Tinxerit*, Carc.
(2) *Abstruxerunt*, Merk.
(3) *Et*, Merk.
(4) *Celebranti*, Cod.

lationique sacerdotali subdantur, si voluerint futuris heredibus successiones relinquere. Alioquin amodo molientes contra regale nostrum edictum, neque ex testamento neque ab intestato, habituros se ligitimos filios (1) heredes ex illicito matrimonio, per nostram sanctionem noverint procreatos; mulieres etiam aliis nubentes legitimas dotes debitas non habere. Viduas vero volèntibus ducere hoc necessitatis vinculum relaxamus.

## 16. — DE CRIMINE ADULTERII.

1. Generali lege sancimus quotiens nostra provisione et ordinatione uīa (curiam?) (2) regentibus accusatio adulterii vel stupri fuerit presentata, oculo non caligante personas despicere, condiciones notare, etates et consilium animi investigare, si deliberatione et consultatione, vel lubrico etatis proruperint ad facinus vel prolapse sint, an dolore maxime maritali; ut, his omnibus perquesitis, probatis vel manifestis, non de rigore iuris, set de lance equitatis super commissis excessibus levior vel asperior sententia proferatur. Sic enim profecto iustitia nostra iustitie divine re(spondet).

2. Legum igitur asperitate lenita, non ut olim gladio agendum, set rerum ad eam pertinentium confiscatio

---

(1) Il M. chiude fra parentesi *filios*.

(2) *Vicariam*, Carc. e Merk. Veggasi ciò che a proposito di questa parola abbiamo avvertito innanzi. Si dovrebbe leggere a questo luogo *curiam*.

inducetur, si filios legitimos ex eo matrimonio violato vel alio non habuerit. Iniquum enim est eos successione privari, qui nati sunt eo tempore, quo thori lex legaliter servabatur. Aut viro tradenda est, nullatenus ad vite periculum sevituro, set ultione thori violati nasi truncatione, quod sevius et atrocius inducitur, persecuturo[1]; ultro enim nec viro nec parentibus sevire licebit. Quod si vir eius noluerit in eam dare vindictam, nos maleficium [2] huiusmodi non sinemus inultum; precipimus igitur publice flagellandam.

3. Qui coram se spectante vel arbitro permittit cum ganeis coniugem suam lascivire non facile nostro iudicio poterit accusare [3]; viam quippe peccandi [4] aperit, qui cum possit prohibere consentit.

4. Quamvis uxorem suspectam quis habeat, quamvis famosam, si tamen fidem habet, eum lenocinii non dampnamus: quis enim iure thori alieni inquietet quietem? Quod si patenter deprehenderimus quempiam. habere incestuosam uxorem, dignam mox sequemur [5] pene vindictam, eum quoque pena infamie condempnamus.

5. Femine penitus et adulterii et stupri prestentur immunes iudiciaria severitate, quas vilitas vite dignas legum observatione non credidit, sicut ministre caupone.

---

(1) *Persecutor*, Cod., seguìto dal Carc.
(2) *Malefactum*, Carc.; *huiusmodi maleficium*, Merk.
(3) *Accusari*, Carc. e Merk.
(4) Su questa parola, nel Codice, sta scritto: *mechandi*.
(5) *Sequentem*, Carc.

## 17. — DE MERETRICIBUS.

Que passim formam venalem exhibuit et vulgo prostitutam se prebuit, huius criminis accusationem amovit: violentiam tamen ei ingeri prohibemus, et inter boni testimonii feminas habitare vetamus.

## 18. — DE ACCUSATIONE ADULTERII.

1. Adulter et adultera simul accusari non possunt, alter singulariter est accusandus et rei exitus expectandus; nam si adulter defendi poterit, mulier est secura, nulli ulterius responsura. Si vero fuerit condempnatus, tum demum mulier accusatur.

*In Co. De crimine adulterii pacisci non licet, et par delictum accusatoris, prevaricatoris et refugientis veritatis inquisitionem. Qui autem pretium pro comperto stupro accepit pena legis Julie de adulteriis tenetur. Crimen adulterii maritum, retenta in matrimonio uxore, inferre non posse nemini dubium est* (1).

2. Lex delectum non facit, quis primum debeat conveniri, set, si uterque est presens, vir conveniendus est primus: repudium in hac accusatione est semper (2) pretermittendum, neque violentia seu detentio adhibenda.

---

(1) *Cod. Just.* IX, 9, 10, 11.

(2) *Est semper*, manca in M. — Il Carcani dà in nota anche questo paragrafo, insieme col precedente.

### 19. — DE OFFICIALIBUS REIPUBLICE.

Officiales rei publice vel iudices, qui in tempore amministrationis pecunias publicas subtraxerint, obnoxii crimine peculatus, capite puniuntur, nisi regia pietas indulserit. Qui sua negligentia bona publica deperire vel minui permiserit, et in persona propria et in rebus suis constituetur obnoxius; et hoc prospectu regie pietatis.

### 20. — DE FURTIS.

Qui sciens furanti sinum prebuit, eadem pena tenetur.

### 21. — DE CRIMINE LENOCINII.

1. Crimen [1] lenocinii contrahunt, qui deprehensam in adulterio uxorem in matrimonio tenuerint, neque [2] suspectam adulterii habuerunt.

2. Lenas sollicitantes alienam castitatem, genus criminis pessimum, tanquam ipsas adulteras puniendas presenti lege sancimus. Matres virgines filias venalicias proponentes et maritalia federa fugientes, ut lenas ipsas persequimur, scilicet ut nasus earum

---

[1] In marg.: *Co.* ; essendo tolto questo primo paragrafo dal *Cod. Just.*, IX, 9, 2.

[2] *Non qui*, M. e C.

9

abscidantur (1). Castitatem enim et virginitatem suorum viscerum vendere inhumanum est et crudele: quod si filia se ipsam postituit, mater vero tantum consentit, iudicis arbitrio relinquetur.

## 22. — DE EODEM.

Si providentia regie celsitudinis nullo modo patitur inter regni nostri limitem baronum nostrorum quemlibet alterius castrum invadere, predas committere, cum armis insurgere, vel inique fraudari, quin pro commisso bonorum omnium ipsum iactura afficiat; quanto amplius dampnandum censemus, si comparis vel vicini thorum violare presumpserit quis? intolerabile prorsus de iure videtur. Sancimus itaque si de tali facto nobis aliquando fuerit proclamatum, et manifestum fuerit vel probatum, bonorum omnium mulctatione plectendum.

## 23. — DE VINDICTA ADULTERANTIUM.

1. Si maritus uxorem in ipso actu adulterii deprehenderit, tam adulterum quam uxorem occidere licebit, nulla tamen mora protracta.

2. Lex maritum lenocinii pena cohercet, qui uxorem in adulterio deprehensam retinuit, adulterumque dimisit; nisi forte sine culpa sua ille diffugerit (2).

---

(1) *Abscindatur*, Carc.
(2) *Diffugit*, C. e M.

## 24. — DE DESISTENTIBUS AB ACCUSATIONE.

Qui, post crimen adulterii intemptatum [1], uxorem receperit, destitisse videtur; ideoque suscitare questionem ultra non poterit.

## 25. — DE PLAGIARIIS.

Qui sciens liberum hominem vendiderit, hac pena legitima teneatur, ut ex bonis suis venditus redimatur; ipse vero [2] maleficus curie servus sit, bonorum suorum residuo publicato; quod si ex rebus ipsius redimi non poterit, pro servo tradatur parentibus venditi, bonis eius curie addictis: quocumque autem casu venditus redeat, maleficus curie servus fiat, filiis etiam eius post hunc casum nascentibus subiecti sint [3] curie perpetua servitute.

## 26. — DE SICARIIS SECUNDUM LEG. CORN.

1. Qui aggressorem vel latronem, in dubio vite discrimine constitutus, occiderit, nullam, ob id factum [4], calumpniam metuere debet.

---

(1) *Intentatum,* M. e C.
(2) *Ut,* C.
(3) *Subiectis,* M.
(4) *Facinus,* M.

2. Qui aggressorem ad se venientem ferro repulerit, non homicida set defensor salutis est (1).

3. Nocturnum furem qui occiderit, impune feret, si aliter comprehendi nequiverit, si modo cum clamore id fiat.

4. Infans sine malignitate animi et furiosus si hominem occiderit, non tenetur; quia alterum innocentia consilii alterum facti (2) infelicitas excusat. Nichil interest occidat quis, an mortis causam prebeat. (*Al marg.*: In maleficiis voluntas spectatur non exitus).

5. Qui de alto se ipsum precipitat et hominem occidit, qui ramum incautus deiciens non proclamavit, seu lapidem aut aliud deiecit, hominemque occidit, huic pene succumbit.


## 27. — DE INCENDIIS.

Qui dolose domum incenderit, capitis pena plectatur, velut incendiarius.


## 28. — DE NOXIIS MEDICAMINIBUS.

Poculum amatorium vel aliquem cibum noxium quisquis instruxerit, etiam si neminem leserit. impunis non erit.

----

(1) *Cod. Just.*, IX, 16, 3.
(2) *Fati*, M.

## 29. — DE EISDEM.

Mala et noxia medicamenta ad alienandos animos, seu venena qui dederit, vendiderit, habuerit, capitali sententia feriatur (1).

## 30. — DE IUDICE DEPRAVATO.

1. Si iudex, accepta pecunia, reum quemlibet (2) criminis et mortis fecerit, capitis periculo subiacebit.

2. Si iudex fraudulenter atque dolose sententiam contra legem protulit, auctoritate iudiciaria inrecuperabiliter cadat, notetur infamia, rebus eius omnibus publicatis. Quod si iuris ignorantia a iuris sententia aberraverit, ferens iudicium pro simplicitate manifestum, regie misericordie subiacebit. — In maleficiis voluntas spectatur non exitus.

## 31. — DE ARRIPIENTIBUS NOVAM MILITIAM (3).

Quicumque novam militiam arripit contra regni nostri beatitudinem et pacem sine integritate militie nomine et professione penitus cadat, nisi forte a militari genere per successionem duxerit prosapiam.

---

(1) *Dig.* XLVIII, 8, 3, 1.

(2) *Quem,* M.

(3) Al marg.: C.I. xiɪ. *De(tironibus). Nullus(tiro vagus), aut vet(eranus), aut censibus obnoxius ad militiam accedat.* Cod. XII, 44, 1.

★

### 32. — DE INIURIIS PRIVATORUM.

Cuicumque de popularibus ex consulto (1) tamen et deliberatione barba fuerit depilata, reus soldorum aureorum VI regalium pena condempnetur; si vero in rixa factum fuerit, sine deliberatione, sol. III (2).

### 33. — DE FUGACIBUS.

Si quis temerario ausu presumpserit bona in quiete et tranquillitate regni habita, cum pro ipso laborare expedit, labores fugiendo obmittere, omnia bona sua dominus ejus habeat, et illius persona curie assignetur.

### 34. — DE SEDITIONARIIS.

1. Si quis in exercitu seditiones, iurgia seu aliud fecerit, uti (3) exercitus noster turbetur, persona eius cum omnibus suis bonis mercedi curie subiacebit.

2. Si quis ficte vel fraudulenter ad magnum exercitum non venerit, seu, postquam venerit, ab exercitu sine licentia curie recesserit, capitalem subibit sen-

---

(1) *Consilio*, M.
(2) Fin qui quelle date dal Merkel.
(3) *Unde*, Carc.

tentiam, vel in manibus curie tradetur, ut ipse et eius heredes culusti (1) fiant.

## 35. — DE MORDISONIBUS (2).

Comperit nostra serenitas infra regni nobis a deo concessi fines quorumdam immanitate clandestina incendia, tam in urbanis quam rusticis prediis, perpetrari, arbores quoque et vites furtim cedere. Proinde hac edictali pragmatica sanctione in perpetuum valitura deo propitio sancimus, ut si quis amodo de hujusmodi reatu fuerit appellatus, si suspectione careat et eius conversatio per bonorum testimonia (3) illibata consistat, pro tenore veterum legum, aut (4) cuiuscumque loci consuetudine se expurget. Si vero tanti reatus non levis suspitio de eo fuerit, vel preterite vite sue probrosus cursus extiterit, opinionemque eius apud bonos et graves dehonestaverit, de calumpnia prius actore iurante, non ut (5) actenus, set ceteris super hoc legibus sopitis et moribus, igniti ferri subeat iudicium. Predicti denique criminis confessus aut convictus, dampno prius lese partis de eius facultatibus resarcito, vite sue periculum, vel membrorum suorum privatione pro beneplacito maiestatis nostre incurret.

---

(1) *Coloni eius* o *eiusdem?* — Veggasi l'Avvertenza.
(2) Su questa parola insolita veggasi il cit. libro del Perla.
(3) *Pro..... testimonio*, Carc.
(4) *A*, Carc.
(5) *Nisi vero*, Carc.

## 36. — QUE SIT POTESTAS JUSTITIARII.

Sancimus ut [1] latrocinia, fracture domorum, insultus viarum, vis mulieribus illata, homicidia [2], leges parabiles [3], calumpnie criminum, incendia, forisfacte omnes, de quibus quilibet de corpore et rebus suis mercedi curie debeat subiacere [4] a iustitiariis iudicentur, clamoribus supradictorum baiulis depositis, cetera vero a baiulis poterunt detineri [5].

## 37. — DE INTESTATIS.

Nuper ad nostri culminis pervenit audientiam quod, cum aliquis burgensium vel aliorum hominum civitatum intestatus decedit, sive filii ex eo existant sive non, res eius ad opus curie nostre capiebantur, quod admodum maiestati nostre displicuit et grave tulimus. Nos itaque, ex solita nostre benignitatis gratia, hanc pravam consuetudinem penitus resecare volentes, precipimus, ut, si quis burgensium vel aliorum locorum [6], qui in ipsa civitate devenerit, intestatus decesserit, si ex eo filius vel filia extiterit,

---

(1) *Vero*, Carc.
(2) *Duella*, C.
(3) *Paribiles*, C.
(4) Quello che segue è scritto al margine del Cod., verticalmente.
(5) *Poterunt definiri*, C.
(6) Manca in Carc.

ipse sui patris (1) heres existat, et tertia pars omnium rerum eius pro ipsius anima erogetur. Si vero nulli filii ex eo existant, tunc proximiores eius tam ex linea ascendentium et descendentium quam ex latere venientum, qui de iure ei succedere debent, heredes existant, si de feudo vel de servitio non fuerit, tertia tamen parte rerum suarum pro defuncti anima distributa. Si autem filius vel (2) filia ex eo nullus extiterit, vel alius tam ex linea ascendentium quam et descendentium, vel ex latere venientium, qui de iure ei succedere debeat, tunc etiam tertia parte omnium rerum suarum — ut dictum est — integre pro defuncti anima prestita, residuum ad opus curie nostre capiatur. Si vero cum herede seu (3) sine herede testatus decesserit, ultima eius voluntas in integrum observetur.

### 38. — DE EXCESSU PRELATORUM ET DOMINORUM.

De prelatis autem ecclesiarum sic a regia munificentia statutum est, ut in his tantum ab hominibus suis adiutorium exigant; videlicet, pro consecratione sua, quum ad concilium a domino papa vocantur; pro servitio exercitus nostri, si quando (4) in exercitu servierint, vel si vocati fuerint a rege vel missi; pro corredo nostro, si quando (5) in terris eorum nos

---

(1) *Parentis*, Carc.
(2) *Et*, Carc.
(3) *Vel*, Carc.
(4) *Siquidem*, Carc.
(5) *Siquidem*, Carc.

hospitari vel corredum ab eis recipere contigerit.
Et in his tantum (1) casibus a prelatis omnibus,
comitibus, baronibus et militibus moderate secundum
facultates hominum suorum adiutoria exigant(ur)
et accipiant(ur).

### 39. — RESCRIPTUM PRO CLERICIS.

De eo autem quod male interpretatum (2) est, videlicet quod de nostre maiestatis constitutione vil-
lani non audeant ad ordinem clericatus accedere,
sine voluntate et assensu dominorum suorum, ita
statutum est, quod, si aliquis villanus est et servire debet personaliter, intuitu persone, ut sunt
ascripticii et servi glebe, et alii huiusmodi, qui
non respectu tenimentorum vel alius beneficii servire debent, set intuitu personarum, que (3) persone eorum sunt obligate servitiis, isti quidem, sine
assensu et voluntate dominorum suorum, ad ordinem clericatus accedere nequeunt. Illi vero, qui
non intuitu personarum, set respectu tenimentorum
vel aliquorum beneficiorum, que tenent, servire debent dominis suis, si voluerint ad ordinem clericatus
accedere, liceat eis, etiam sine voluntate dominorum
suorum, prius tamen renuntiatis his, que tenent a
dominis suis.

---

(1) *Tamen*, Cod.
(2) *Intentatum*, Cod.
(3) *Quia*, C.

---

# INDICE

___

CPSIA information can be obtained
at www.ICGtesting.com
Printed in the USA
BVOW03*0611020118
504192BV00007B/43/P